宝山区中小学“美丽宝山”系列读本

行知魂

XING ZHI HUN

上海市宝山区教育局 编著

同济大学出版社
TONGJI UNIVERSITY PRESS

主　编　陆荣林
副主编　曹红悦
成　员　沈 伟　陈明敏 张宝林 顾 敏
梅元钧 张 敏　张 燕

责任主编　张 燕
编写成员　张 敏　张 燕 卢 靖　沈 梅
张静媚 徐芸琦 樊卿卿　胡凤英
张 琼　苏玉青 韩 茜　宋 瑜

序：努力打造宝山教育之魂

陶行知先生是伟大的教育家、思想家，穿着一身布衣的他，曾在宝山这块开创新文化之先的热土上辛勤耕耘，努力探索、实践其“平民教育”的思想和理念。他亲力亲为，在宝山大场地区设立教育实验区，创办山海工学团，提出了“工以养生，学以明生，团以保生”等一系列生活办学的新理念。“捧着一颗心来，不带半根草去”，陶先生的高尚品德和思想理念，成为宝山教育的宝贵财富。

陶行知先生在中国大地上倡导生活教育运动，并在反复实践探索中创立了符合中国国情，又接轨世界进步潮流的生活教育理论。为进一步传承和弘扬陶行知先生的教育思想和教育理念，深入推进陶行知先生“生活德育”的本土化研究，宝山区教育局推出了“生活教育”的理念，让育德教育的过程成为一种生活体验，并以此提升学生的生活认知。

宝山区教育局倡导的“生活德育”与陶行知先生的“生活即教育”“教学做合一”的教育思想、教育理念是一致的。从本质上说，是对陶行知先生“生活德育”的传承，是一种在现代化教育背景下的新的演绎。陶行知先生的教育名言——所谓健全人格，一是私德为立身之本，公德为服务社会国家之本；二是人生所必需之知识技能；三是强健活泼之体格；四是优美和乐之感情——与当今我国教育方针所提出的加强学生“德智体美”全面发展的要求是完全一致的，与社会主义核心价值观关于个人层面的价值要求“爱国、敬业、诚信、友善”，也是十分吻合的。

宝山区教育局编写的以“生活育德”内容为主题的“美丽宝山”是区本课程系列读本。以陶行知先生为主要人物故事的《行知魂》是其中的重要内容之一，通过本书的出版，使陶行知先生的思想在宝山德育中发挥其作用，实践宝山德育“立德树人”的德育目标。《行知魂》一书的内容与宝山“生活德育”的具体内容一脉相承，它着眼于指导学生专注、明辨、勤奋、合作、优雅、诚信、负责、自律、尊重及健康等方面的素质培养，着眼于可知、可学，可亲、可近的操作要求。其最大特点在于改变了以往过度依赖“教师宣讲”的习惯模式，更多地从学生的角度思考，让学生通过陶行知先生的奋斗经历、言行和教人故事，感悟出做人的道理。

本书由三章组成："行知足迹"，旨在使学生了解陶行知先生的经历，尤其是在宝山的教育实践；"行知教育"，旨在通过陶行知先生的语言、行为、教育手段和方式，使学生"学做真人"；"行知实践"，旨在推广一些学生在学"陶"中的活动，如行知实验"小陶子"讲解员、宝山区教育学院实验学校的"小陶子"邮局等。

在这三章中，"行知教育"显得尤为重要。该章设定了"立德""学知""健身"及"创造"四个主题，每个主题由若干个不同视角呈现主题的篇目构成，各篇目设有"陶校长的话""行知轶事""智慧启迪"及"知行合一"等栏目，同时设计一些体验活动或可操作的小实践，引导学生体验、感悟陶行知先生的教育理念。这一章与其他两章相互呼应，融为一体，不仅使整个课程显得丰富多彩，而且更加强了它的厚实感、可行性。

"好雨知时节，当春乃发生。随风潜入夜，润物细无声。"《行知魂》一书，具备了这样一种魅力和功效，会化为大家成长过程中的和风细雨。

宝山，是陶行知先生的第二故乡，师陶学陶在宝山教育界早已蔚然成风。让我们继续努力，始终不懈地传承弘扬陶行知先生的教育思想和理念，并将其打造成新时代的"宝山教育之魂"，为推进宝山教育事业的发展作出新的贡献！

上海市宝山区中小学"美丽宝山"系列读本编写组
2016年春

目　录

CONTENTS

序：努力打造宝山教育之魂

前　言

第一章　行知足迹

晓庄师范 …… 11
山海工学团 …… 16
育才学校 …… 22

第二章　行知教育

立德：爱国篇 …… 31
责任篇 …… 35
尊重篇 …… 39
诚信篇 …… 43

学知：坚持篇 …… 49
勤奋篇 …… 53
合作篇 …… 57
求知篇 …… 61

创造：解放篇 …… 67
探索篇 …… 71
创新篇 …… 76
自立篇 …… 81

健身：卫生篇 …… 85
劳动篇 …… 90
健康篇 …… 94

第三章　行知实践

“小陶子”邮局 …… 102
“小陶子”社团 …… 110
行知纪念日 …… 117

后　记

前言

陶行知（1891—1946）原名文濬，易名知行，后又改为行知，安徽歙县人。他是一位杰出的教育家、民主战士。他为中华民族的解放事业和人民的教育事业呕心沥血，作出了巨大贡献。他的足迹遍布国内外各地。

陶行知从小天资聪颖，勤奋好学。6 岁时入方庶咸私塾启蒙，8 岁随父入吴尔宽私塾伴读，12 岁又得到秀才程朗斋对“四书”的解读指导。他 15 岁开始接受系统教育，先后就读于安徽歙县崇一学堂、杭州广济医学堂、金陵大学文学系，1914 年赴美国伊利诺伊大学主修市政学，后转入哥伦比亚大学攻读教育学。

1917 年回国后，历任南京高等师范（后改名东南大学）学校教授、东南大学教育科主任、北京中华教育改进社主任干事、南京安徽公学校长等职，并赴各地开展平民教育，曾发起组织中华平民教育促进会，随后 20 年主编过《民主教育》杂志和《民主》周刊。

从中国的国情出发，他以大无畏的开拓精神创办了四所学校，在南京郊区创办了试验乡村师范学校——晓庄师范，并提出了“社会即教育”“生活即教育”“教学做合一”的生活教育理论。在上海创办了山海工学团、生活教育社和国难教育社，首创“小先生制”，主张教育深入民间，为民众服务、为抗日救国服务。在重庆创办育才学校和社会大学。

陶行知在上海留下了深厚的足迹。从他的教育实践和教育思想的发展来看，他不仅先后两次在宝山工作，时间长达 7 年，而且他的很多重要思想都在宝山得到了进一步的推广和应用，宝山可以说是陶行知先生的第二故乡。

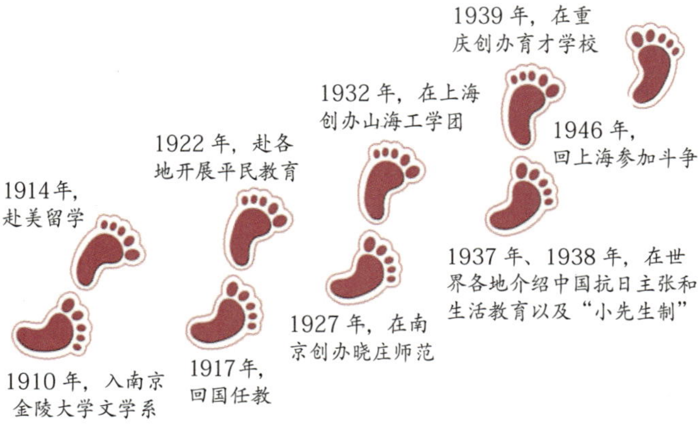

第一章　行知足迹

■ 晓庄师范 …………… 11

■ 山海工学团 …………… 16

■ 育才学校 …………… 22

晓庄师范
——中国现代教育史上的著名学校

晓庄是一部永远不会完稿的诗集。

——陶行知

创办

陶行知回国后，担任中华教育改进社总干事，投身平民教育运动。他痛感，如果平民教育不能深入到最广大的农村，不惠及亿万农民，那就没有前途，而培养农村学校教师尤为重要。陶行知在《中国乡村教育之根本改造》一文中，深刻指出："要有好的学校，先要有好的教师"，"必须出代价去培养教师，去培养教师的教师"，"这是地方教育根本之谋，也是改造乡村根本之谋"。

1926 年，陶行知推动中华教育改进社设立乡村教育研究部，聘请金陵大学乡村教育教授赵叔愚为主任，调查研究沪宁沿线优良乡村学校，筹办试验乡村师范。

1927 年，陶行知放弃了优厚的教授生活，谢绝了武昌高等师范（武汉大学的前身）和吉林大学校长的盛情邀请，脱去西装革履，穿上布衣草鞋，告别城市繁荣舒适的生活，在南京北郊晓庄创办了实验乡村师范学校，亲自培养训练乡村师资，开展乡村教育运动。他想通过培养具有"康健的体魄，农夫的身手，科学的头脑，艺术的兴趣，改造社会的精神"的乡村教师，以实现他的"改造一百万个乡村"的宏愿，"为三万万四千万农民烧心香"。

陶行知在南京神策门外老山脚下的小庄主持试验乡村师范奠基仪式，同时举行城乡人民团拜，宣布改"老山"为"劳山"，改"小庄"为"晓庄"，取日出而作之意，意为"在劳力上劳心""日出而作"，又寓意学校的创办意义——为中国教育寻觅曙光，如日出破晓。

办学理念

晓庄师范是按照陶行知关于生活教育的设想来开展的。其办学宗旨为："根据中心学校办法，招收中等以上各级学校末年级生加以特殊训练，俾能实施乡村教育并改造乡村生活。”遵循这一指导思想，师生们选择荒山野岭作为建校地址，开始只有两间茅草盖的房屋，草泥抹的墙壁。大家自己动手开辟校园，种粮种菜，绿化环境，注意根据中国当时农民生活状况进行试验。

晓庄师范的培养总目标为：“培养乡村人民儿童所敬爱的导师。”为达此总目标，陶行知又进一步提出五项培养目标：①农夫的身手；②科学的头脑；③改造社会的精神；④健康的体魄；⑤艺术的兴趣。

所谓“农夫的身手”是指要培养能吃苦耐劳、能劳动、能实干、能与农民打成一片，为乡村人民儿童所敬爱的导师。“可以了解农民的困苦、艰难和一切问题，并且容易做他们的朋友帮助他们；有了这一条，不仅可利用闲暇去耕种园子，也更便于能在乡间立足、生根，有用武之地。”

所谓“科学的头脑”是指具有近代自然科学与社会科学知识，对科学技术有浓厚的兴趣，并注重实验，到农村去积极推广应用科学方法，指导农民科学种田。第一和第二项培养目标在这种导师身上统一起来，就能做到“在劳力上劳心”。

所谓“改造社会的精神”是对学生思想素质的一项特殊要求。活的乡村教育，必须要有活的乡村教师，活的乡村教师必须“第一有农夫的身手；第二有科学的头脑；第三有改造社会的精神”，具备这三项的“教师就是改造乡村生活的灵魂”。

所谓“健康的体魄”是对身体素质的要求。陶行知认为：“健康是生活的出发点”，健康的体魄是成就一切事业的基础，因而多次提出“健康第一”的口号。

所谓“艺术的兴趣”是对从事乡村教育的人所应有的美学修养的要求。

陶行知曾先后两次为晓庄师范制定教育信条：

信条一

我们深信教育是万年根本大计。

我们深信生活是教育的中心。

我们深信健康是生活的出发点，也是教育的出发点。

我们深信教育应当培养生活力，使学生向上。

我们深信教育应当把环境的阻力化为助力。

我们深信教法学法做法合一。

我们深信师生共生活共甘苦为最好的教育。

我们深信教师应当以身作则。

我们深信教师必须学而不厌，才能诲人不倦。

我们深信教师应当运用困难，以发展思想及奋斗精神。

信条二

我们深信乡村学校教师应当做人民的朋友。

我们深信乡村学校应当做改造乡村的中心。

我们深信乡村学校应当做乡村生活的灵魂。

我们深信乡村教师必须有农人的身手，科学的头脑，改造社会的志趣与忠爱国家的精神。

我们深信乡村教育应当以科学的方法去征服自然，以美术的观念去改造社会。

我们深信乡村教师要用最少的经费，办理最好的教育。

生活教育实验

为今天计，唯有开辟生路，勇猛前进，庶可免于沉沦。倘仍惯于抄袭，不加省悟，则教育亡国之罪，天下后世，不能为吾辈恕也。——陶行知

陶行知在晓庄师范从事生活教育实验，在 20 世纪 20 年代中后期树起了一面教育改革的大旗，为中国教育改革探索到了一条新路。

以下是晓庄师范的实验内容与措施：

首先，在招生上，看重农事经验。招生广告中写道："投考资格：初中高中大学末一年级半程度学生，有农事或土木工之经验，及在职教师有相当程度，并愿与农民共甘苦，有志增进农民生产力，发展农民自治力者，皆得投考。倘有志兴办乡村小学者，为预储师资起见，选择合格学生，保送来校投考，尤所欢迎。"

其次，在考试上别出一格。陶行知在给投考者的开学通知中写道："本校誓与村民共休戚，村民既须在枪林弹雨之下耕种，吾校断不因时局不靖而辍学，故投考开课均照公布之日期办理，决不变更。"报考者在 3 月 10 日报到，11 日上午考国文、常识测验、智慧测验，下午演说及辩论；12 日上午垦荒施肥，下午修路；13 日考试成绩揭晓；14 日便办理入学手续，3 月 15 日开学。陶行知所出的国文试题是《孟子说"劳心者治人，劳力者治于人"，这话对吗？》，由他亲自监考。演说的试题有二十个，学生临时抽题准备三分钟，到时登台演讲三分钟；演讲要求用国语，通俗易懂。反对海阔天空，也反对装腔作势、故作高深。垦荒考试更是新奇。陶行知在山坡下用白粉线画好一块小荒地，投考者手中拿了一把山锄，哨子一响，大家便挥锄垦荒。这种考试，正如院长赵叔愚所指出的：以前读书人读是死读，做是蛮做，两不相接。所以我们要在做事上得知识与经验，用知识与经验去改变作事的方法，不可拘泥于书本，应该拿大自然为范本。这种破天荒的考试，便是这种重农事经验、面向农村考试的大胆实验。

其三，实行教学做合一，课程是以乡村生活为中心。围绕着这样一个中心，晓庄实验乡村师范学校将课程分为五大部分：①中心学校活动教学做；②中心学校行政教学做；③分任院务教学做；④征服自然环境教学做；⑤改造社会环境教学做。

其四，打破学校的围墙，开展"联村"系列活动。陶行知不是"学校消亡"论者，他反对关起校门，使学校与社会隔离起来。他提倡晓庄师范的学生与附近的村民有广泛的联系，熟悉他们的生活，了解他们的疾苦，与他们联合开展活动。于是，晓庄师范进行了打破学校围墙的实验。陶行知除了在学校设置一些为村民服务的活动课程，包括联村自治、民众教育、合作组织、乡村调查和农民娱乐教学外，还专门成立了"社会改造部"，陶行知兼任部长。部下设总务、教育、卫生、农林、交通、水利、自卫、经济、救济、妇女、编辑、调查共十二股，具体负责社会改造的规划和指导。"社会改造部"将学校周围的和平门、上元门、观音门、尧化门、太平门以内的地区为改造实验区域，并规定全校师生均须参加所有改造的活动。

其五，改革教育实习体制，试行新的实习办法。为了使实习顺利进行，陶行知设置了一批中心学校。中心学校与晓庄师范的关系，不是传统的附属关系。中心学校是主，晓庄师范是从；中心学校是太阳，晓庄师范是月亮。晓庄师范根据中心学校要求设置课程，中心学校需要什么就教什么。学生要经常到中心学校里去，在中心学校里教学做。不可否认，陶行知的师范学校实习改革，是师范学校采用理论联系实际培养教师的良好方法，对于培养师范生的实际能力是有很大帮助的。

最后，陶行知进行了不颁发统一毕业文凭的实验。如果学生学业成绩合格，发给修业证书一纸，服务半年，经过考查，确能按照生活教育原理和试验乡村师范精神办学者，发给毕业证书。但入学时程度不同，颁发的证书各异："初级中学程度学生给予小学教师证书"，"高级中学程度学生给予高小教师证书"，"大学程度学生给予师范学校教师证书"，"各级教师证书之外得依据特殊才能之表现加给各级校长及乡村教育辅导证书"。

知识链接

中心学校活动教学做共30学分，包括：①国语教学做；②公民教学做；③历史地理教学做；④算术教学做；⑤自然教学做；⑥园艺农事教学做；⑦体育游戏教学做；⑧艺术教学做；⑨童子军教学做；⑩其他学生活动教学做。

影响与发展

影响

晓庄师范的生活教育实验引起了时人对乡村教育问题的广泛关注，对于转变当时教育改革的方向与重心起到了积极的推动作用。同时也引起了当时社会各界的普遍关注。党政要人纷纷慕名而来，蒋介石、宋美龄夫妇曾与1928年下半年两度到晓庄师范参观，冯玉祥也数次去晓庄师范考察。

晓庄师范的生活教育实验在国内不断扩大影响的同时，自20世纪20年代后期起，也开始在国际教育界产生影响。陶行知当年的班主任、美国哥伦比亚大学师范学院的克伯屈教授在1929年10月下旬参观晓庄师范后，对晓庄师范的生活教育实验赞扬备至，称他多年来一直在寻找这种实验学校，现在在晓庄师范学校终于找到了。他还表示，今后"无论到什么地方，都要宣传在中国的晓庄有一个试验学校，把这里的理想和设施宣传出去，使全世界的人都知道"。

发展

1930年4月，国民党政府封闭了晓庄师范，许多学生遭到逮捕杀戮，陶行知也被通缉，避难海外。后来，南京的部分学生在陶行知鼓励下，晓庄小学学生自发组织"晓庄儿童自动学校"。

1937年至1945年抗日战争期间，"晓庄儿童自动学校"被迫停办。

1938 年，从欧洲归来的陶行知在香港发愿，要创办“晓庄学院”，将生活教育理论应用到大学教育中去。

1951 年 1 月，经周总理批准复办南京晓庄学校，选址南京晓庄。

1952 年、1958 年，南京教育学院、南京市师范专科学校先后建校，“教学做合一”的思想也成为学校办学的重要教学观念。

1991 年，经原国家教委批准，原南京市师范专科学校与南京教育学院合并。

为了实现陶行知先生“创办晓庄学院”的心愿，使行知精神、晓庄传统在新的历史时期进一步得到弘扬和光大，2000 年 3 月南京师专、南京教院和晓庄师范三校合并，建立南京晓庄学院。

南京晓庄学院具有悠久的办学历史和光荣的革命传统。1927 年 3 月，伟大的人民教育家陶行知先生擎“师范教育彻底改革”旗帜，布衣下乡，在扬子江畔劳山脚下的晓庄，创办了中国近代史上最早的试验乡村师范——晓庄师范，著名的“生活即教育”理论和乡村教育运动由此发轫，陶行知、蔡元培、陈鹤琴等一批著名教育家曾在学校执教，原国务委员张劲夫等一大批知名校友曾在学校就读。10 多位牺牲在雨花台的晓庄学生用鲜血开创了晓庄光荣的革命传统。南京晓庄学院，实现了陶行知先生“回国三愿”中创办“晓庄学院”的意愿。

山海工学团
——生活教育理论的试验基地

弄东一弄东，乾坤属儿童。我们是真理的传播者，瞄准乡村向前冲。

——陶行知

创办

1930年夏，陶行知在上海和十几个晓庄学生挤在法租界的孟渊旅馆里，准备大干一场。经过深思熟虑，他豁然开朗：教育农民是头等大事。1932年5月至8月，陶行知先生在上海《申报》上发表了《古庙敲钟录》一文，提出要创办一个由全村人共同管理的学校，以普及教育。他在文中提出的关于创办工学团的设想，并很快在上海和宝山之间的大场乡村实现。他和他的学生在沪太路孟家木桥车站，看到一座古老的红庙，认为这是一个适合办学的地方。他们到红庙附近各村各户进行调查访问，农友们普遍欢迎他们前来办学。这样陶行知就决定在这里创办一所新型学校——山海工学团，学校于民国二十一年（1932年）10月1日正式开学。

知识链接

山海工学团

“山海”包含两层意思：一是因为地处宝山与上海市区之间；二是“九一八”事变以后，日本侵占我国东北地区，山海关危急，取名“山海”有共赴国难的意思。

“工学团”可具体理解为：工就是做工，工以养生，靠自己生产劳动来养活自己；学，就是学习，学以明生，学习社会科学和自然科学；团，就是团结，团以保生，大家团结起来，保卫自己生存权利。它的办学目的是：培养求学的嗜好，造就好学的民族。培养教人的嗜好，造就诲人不倦的民族。

办学理念

陶行知从“培养合理的人生”的宗旨出发，把“工以养生，学以明生，团以保生”作为工学团教育的整个内容，既强调教书，又强调育人。具体包括以下几方面：

知识教育

课程包括国文、算术、自然、历史等普通课程，教材不完全照搬当时国民党政府颁布的教材，而加以改编。如国文课选取陶行知的诗文，自然课中补充中国与苏联儿童的算术题。虽然重视知识学习，但不“读死书，死读书”，而“读活书，活读书”，通过“电光影戏”下乡，举办星期讲座等活动的开展，有效促进知识的学习。

劳动教育和生产教育

山海工学团实行半工半读，学生既要学习又要做工、劳动。师生一起到田间劳动，生活在农民中间，和他们共甘苦。在农忙时，中高年级干脆就停几天课，陶行知和师生还积极指导农民改良棉种和改进播种方法，经过推广，很受农民欢迎。

阶级教育和爱国主义教育

结合陶行知提出的团结抗日，救国救亡的主张，通过家庭访问，搜集材料，开展阶级教育和宣传抗日。在班上注意启发学员的阶级觉悟和进行抗日教育。上海地下党在山海工学团曾积极地开展了抗日救亡活动。山海工学团实际上已成为上海地下党领导的一个新民主主义教育的据点。

文艺教育

积极开展文娱活动，每周五晚上举行同乐会，师生农友欢聚一堂，师生表演双簧、歌舞、滑稽戏，玩科学把戏，农友参加小调、讲故事等。一方面活跃了乡村生活，另一方面使师生、农友接受了艺术的陶冶。

民主平等的教育

在山海工学团，教师热爱儿童，“到儿童中去！”上课时严格要求学生，课外就和学生一起进行文娱体育活动或者劳动。在遇到问题时，总是耐心说服和讨论。对于犯有重大错误的学生，教师也不歧视，而是给予更多的关心、说服。师生在民主的生活中接受民主的教育。

卫生教育

陶行知十分重视防治疾病和普及医药卫生知识，曾设小诊疗所，指定专人负责，并请一些名医任医学指导，进行卫生教育，并免费为农民看病，送医送药上门，辅导农民注意家庭卫生。此外，山海工学团还进行节制生育的教育等。

山海工学团从乡村的实际生活中取材，制定适合乡村实际生活的内容，它的教育与教学内容是丰富而多样的，充分体现了教育与生活一脉相通的思想。陶行知创办的山海工学团指导思想和方法与当时的传统教育有所不同。主要的区别如下表所示：

当时的传统教育	山海工学团
学校与社会隔离	以社会为学校，学校融合在社会里
生活与教育分家	生活即教育，使教育从书本扩展到人生
师生界线如天人相隔	会则教，不会则学，师生向农人学种田，农人向师生学科学
先生教而不做，学生学而不做	先生做中教，学生做中学，实行“教学做合一”
教劳心者不劳力，不教劳力者劳心	劳力劳心结合
教学生把知识装满了再去行动	即知即传，在行动上去追求真理才有知的收获
教少数人读书，以求升官发财	学生大众同甘苦同休戚，使整个中华民族有一条光明的出路

小先生制

我是小先生，烈焰好比火山喷。生来不怕碰钉子，碰了一根化一根。

——陶行知

山海工学团首创“小先生制”，开展“即知即传”的普及教育运动。

山海工学团创办后，农民及其子女加入者越来越多，指导员教不了，不得不委派一些能干的小孩负责教那些超编的小孩。陶行知目睹小孩教小孩的成绩后，回想起他6岁的儿子教57岁的祖母识字的情景，便在以前用“助教”实行“连环教学法”的基础上，提出用“小先生制”来解决师资不足的困难。

> **知识链接**
>
> 小先生制
>
> 所谓“小先生制”，主要是利用上学的儿童、小学生来教不识字的儿童、成年人甚至老年人。它是一种“即知即传”的教育组织形式。
>
> “小先生制”的基本精神是：“任何懂得一点简单道理的人，就够资格传授真理，并与他人共享真理”。

1934年1月28日，陶行知在山海工学团举行小先生普及教育队授旗典礼及宣誓仪式，“小先生制”正式诞生，后逐步向周围地区推广。“小先生制”的发明解决了工学团的发展问题，使工学团不仅做到“来者不拒”，而且可以实行“不能来者送教上门”。

“小先生制”有其特有的不可替代的优势：传统教育需要有大量的教师、教室、教材，还有固定的时间等，小先生教识字却并不用教室，无固定时间、场所、教材，随时随处都可以进行。陶行知形象地把“小先生”的工作比喻成“攻关”。小先生一路过关斩将，可以攻破“先生关”（解决师资缺乏问题）、“买卖关”（免费进行教学）、“饭碗关”（不影响工作、吃饭等问题）、“课本关”（无需专用课本，书报、杂志、发票、签诗……都可以成为识字的工具）、“纸笔关”（筷子沾水、柳条划泥地……）、“学校关”（无需办专门学校，任何时候、任何地方都能教识字）等27个“关”。而且小先生的学生“小小先生”还可以再去教其他的“小小小先生”……这样一而再，再而三，像滚雪球一样，小先生越教越多，一路过关斩将，普及教育的时间就可大大提前。

除此之外，陶行知提倡“小先生制”，主要还基于他的一个重要的教育理念，就是通过“小先生制”的开展，使孩子们学得更加努力、更加自觉、更加扎实。“我们可以归纳出一条最重要的学理，这学理就是‘为学而学’不如‘为教而学’之亲切。‘为教而学’必须设身处地，努力使人明白；只要努力使人明白，自己便自然而然地格外明白了。”

在陶行知的积极倡导下，小先生制在普及教育运动中展现了自己的成绩。到1934年底，即小先生制问世11个月后，它已经推行到全国19个省、4个特别市。与此同时，小先生制在国外也迅速引起反响。

“小先生制”相关诗歌

慈母读书图

一

吾母五十七，
发愤读书籍；
十年到如今，
工学无虚日。

二

小桃方六岁，
略识的和之；
不曾进师范，
已会为人师。

三

祖母做学生，
孙儿做先生；
天翻地覆了，
不复辨师生。

四

三桃凑热闹，
两眼呆望着；
望得很高兴，
祖孙竟同学。

五

上课十六天，
儿子来一信；
老人看得懂，
欢乐宁有尽。

六

匆匆六个月，
毕业无文凭；
日新又日新，
苦口作新民。

七

病发前一夜，
母对高妈说：
你比我年青，
求学要心决。

八

子孙须牢记，
即知即传人！
若作守知奴，
不是中国人。

小先生歌

一

我是小学生，
变做小先生。
粉碎那私有知识，
要把时代儿划分。

二

我是小先生，
教书不害耕，
你没有工夫来学，
我教你在牛背上哼。

三

我是小先生，
看见鸟笼头昏。
爱把小鸟放出，
飞向森林投奔。

四

我是小先生，
这样指导学生：
“学会赶快去教人，
教了又来做学生。”

五

我是小先生，
烈焰好比火山喷。
生来不怕碰钉子，
碰了一根化一根。

六

我是小先生，
爱与病魔斗争。
肃清苍蝇与疟蚊，
好教人间不发瘟。

七

我是小先生，
填平害人坑。
把帝国主义打倒，
活捉妖怪一口吞。

八

我是小先生，
要与众人谋生。
上天无路造条路，
入地无门开扇门。

——《陶行知全集》（第四卷），湖南教育出版社，1985：213-215

情景再现

小孩子在工学团读书，回家要自动教人，一个人至少要有两个学生，父母、兄弟姐妹、邻居都好教，最多教 10 个学生。“你若小看小孩子，便比小孩还要小！”小孩子有不可轻视的力量。遇到困难，他们自有大人想不到的办法。沈增善教奶奶读书，奶奶说年纪大了，是锅盖上的豆腐，没几天活了，不肯学。小沈耍花腔：“人死了上天堂，进门要登记，不识字怎么进去？”奶奶信以为真，肯识字了。妈妈不肯读书，小先生不吃饭，定要妈妈先“喂脑子”，他才“喂肚子”。还有些农民，说什么也不学，陶行知把娱乐和读书结合起来。他弄到电影放映机和片子，带到工学团放，农民兴奋异常，争着要见识人怎么钻到电影机里。小先生准备了入场券，领券时，要把券上 20 个字全认识才许入场。有人说，我不识字，可拿 20 个铜板买券，小先生不卖。结果，除了 5 岁以下和老态龙钟者，其余人当场教识字，认全了才进场看电影。为了下次顺利进场，大人争着请小先生教，一村读书者，尽是种田人！

影响与发展

影响

山海工学团开创了一条声势浩大的普及教育的崭新途径。山海工学团是陶行知结合当时中国乡村的实际情况进行教育普及的一种尝试，将教育与民众的生活、生产紧密结合在一起，在当时产生了很大的影响。山海工学团把工场、学校和社会打成一片，它既是一个小学校，又是一个小工厂，一个小社会，富有旺盛的生命力。山海工学团坚持针对农民实际需求开展各种教学做活动，真正做到了时时急农民所急，处处想农民所想，一切以适应农民的需求为准。村里要做什么，老师就教什么，学生就学什么，先生在做中教、学生在做中学。做中教，学生可以教先生；做中学，先生可以变学生。

山海工学团的成立，标志着当时普及教育的新趋向，也是对学校教育的根本改造。“一村读书者，尽是种田人”的理想，在山海工学团得以实现。“山海”被人们称作是“天下第一工学团”，它掀起了富有时代意义的影响，波及 10 多个省市、解放区，直至东南亚的工学团运动。天下第一工学团“山海”的精神，在宝山得到传承、发扬。

发展

新山海工学团继承一切从农民利益出发的传统，乡村有什么需求，就开展什么教育活动。在本着“自力更生，以工养生”的方针，不花国家一分钱，依靠社会力量，开办实验工厂。

新山海工学团奠定了为农民兴办教育的经济基础后，他们会同陶行知纪念馆等单位，经常为附近中小学教师举办弘扬陶行知精神、宣传陶行知教育思想、介绍优秀教师先进经验的讲座，联合周边地区中小学成立了陶行知教育思想综合实验区。

为了适应新时期农民及其子女多方面的需要，新山海工学团积极参与社区教育，先后主办大场英语角、山海少年之家，参与举办中小学生冬令体育比赛、小发明小创造活动；采取普及与提高、长期与短期、集中与分散相结合的方式，开办书画、歌舞、少儿足球、棋类、电脑操作、打字培训等深受群众欢迎的兴趣班。

新山海工学团为了适应当地经济建设需要，还及时举办各种培训，如为适应外向型经济高速发展的需要举办英、日语正规培训，为适应周边地区大批新建住宅需要开办装潢工程培训，为缓解农村幼托事业人才短缺举办教养员、保育员培训等。新山海工学团对当地教育事业和经济建设

所作贡献有目共睹、备受赞赏。

同时，山海工学团延伸向现代教育教学。2016 年 1 月 21 日，上海山海工学团学生活动中心在上海大学附属中学揭牌成立。上海市陶研会、宝山区陶研会以及宝山区教育局领导为山海工学团学生活动中心揭牌并分别进行讲话。在讲话中他们对山海工学团学生活动中心寄予了很高的期望，期望以活动中心为抓手深化改革，打造区域学陶师陶品牌，以活动中心为平台集聚资源，探索创新人才培养机制，以活动中心为原点示范引领，带动区域教育优质发展。同时，他们还希望上大附中抓住契机，切实把山海工学团学生活动中心打造成为上海乃至全国教育改革的品牌。

上海大学附属中学“人人皆可资优”的理念被给予高度评价，陶行知研究中心、上海陶行知研究会表示将积极地支持山海工学团学生活动中心，让学生的梦想在中学阶段播下希望的种子，真正实现陶行知先生爱的教育理念。

陶行知的生活教育学说，作为一种与现代社会生活相适应的教育学说，在许多方面都反映了教育发展的客观规律，蕴含着不少合理因素。以上大附中为主阵地，建立山海工学团学生活动中心，就是积极实践陶行知思想的一项举措。山海工学团学生活动中心搭建了教育资源共建共享平台，让优质资源能够惠及更多学校、教师与学生，带动区域教育发展，促进区域教育均衡。

育才学校
——陶行知教育的又一创造和实践

创办育才学校，主要意思在于培养人才之幼苗，使得有才能的幼苗不致枯萎，而且能够发展，就必须给予适当的阳光、空气、水分和养料，并扫除害虫。

——陶行知

创办

陶行知在他所从事的普及人民大众的教育工作中，常发现有特殊才能的穷苦孩子因无机会受到教育、培养而枯萎、夭折，感到十分可惜。因此他认为爱护培养人才幼苗要象园丁一样，要像爱迪生的母亲那样去关怀、教育、培养。1938 年秋，陶行知同音乐家任光在武汉汉口临时保育院参观，看到一个难童指挥唱歌，有与众不同的才能，并能把一首初次听到的歌曲准确地记录下来，这更坚定了陶行知要培养、教育这些有才能的儿童的决心。

育才学校的创办

- **背景**：1931 年“九一八”事变后，陶行知先生积极从事抗日救亡运动，在国难深重的岁月，他组织“国难教育社”，推行国难教育。
- **生源**：1939 年 7 月，陶行知从 15 个省流亡到后方的难童中择优录取了具有一定特殊才能的 6—16 岁的 100 多个少年儿童。
- **师资**：抗战时中国文化界的许多有名的进步人士集聚重庆，陶行知聘请他们作为育才学校教师，这也是育才学校能够创办并培养出大量人才的一个重要条件。
- **经费**：只有少量的难童保育费和赈济委员会的救济费。陶行知为此在重庆四处奔走，向社会呼吁，争取社会各界人士的捐助。
- **校舍**：陶行知带领学校的全体师生把残破不堪的古圣寺修整得焕然一新，粉刷墙壁、修补地板，打了小井，在寺外修了篮球、排球场，开辟了活动场地。师生们有了教室、宿舍。

抗日战争胜利后，许多知名民主人士、学者、专家纷纷来到南京、上海，陶行知很高兴地向救国会、生活教育社、育才、社会大学等讲述了到上海准备大展教育宏图的计划：“我怀抱着为国为民的热情来到这东方大城，主要是想做上海的工作，让整个上海变成学校。到上海以后要创办育才大学，附设中学、小学、幼稚园，这样我的生活教育设想就可以全部实现。”1946 年 4 月，陶行知风尘仆仆来到上海，寻找新的育才学校地址。宝山当地的农民献出房屋、土地；门口无路，要征地 15 亩，被征地的农户，家家不要一分钱。1947 年育才学校自渝迁沪。

创办育才学校是陶行知晚年教育实践的一个重要组成部分，也是他忠于人民教育事业的具体表现。

办学理念

育才学校是根据陶行知的一种新的教育理想而创设的，是中国教育史上无先例的学校。它与一般学校不同的是，育才学校的教室不是按年级编排的，而是按“学科”来分组，如社会组、音乐组、文学组等。这正是陶行知教育理念的体现。1939 年，陶行知在重庆合川创办的育才学校之时，正值国难当头，难民成群，他办学的目的就在于“培养人才之幼苗，使得有特殊才能者的幼苗不致枯萎，而且能够发展”。

完善的课程设置

育才学校既重视普修课的教学，使学生奠定获得专门知识、技能的基础，又重视特修课程，系统、循序地对学生进行各种专门教育。在教学课时的安排上，特修课与普修课同时进行，但开始时普修课多于特修课，以后普修课逐渐减少，特修课增多，总的课时不超过一般的中小学。这是从育才学校培养人才的特殊实际出发的，是陶行知在育才学校教育实践的一个特色。

强大的师资

因为学生都是有“特殊才能”的孩子，所以育才学校在教学上也不同于普通教育，把学生分为音乐、舞蹈、戏剧、文学、绘画、社会科学和自然科学等组别。而给这些组聘来的老师也是不同凡响，如音乐组的主任是贺绿汀，戏剧组的主任是章泯，舞蹈组的主任是戴爱莲，绘画组的主任是鲁迅的学生陈烟桥，文学组的主任是大诗人艾青，著名画家丰子恺、华君武，著名音乐家任光、马思聪等都曾在学校任教。此外，郭沫若、茅盾、冯雪峰、夏衍、聂绀弩、翦伯赞、邵荃麟、胡风、何其芳、田汉、吴玉章、周谷城、秦邦宪、萨空了、徐迟、姚雪垠等，都曾来学校兼课或举办讲座。如此强大的师资阵容，大概在现代教育史上都是罕见的。

注重因材施教

育才学校根据学生不同的兴趣爱好、才能与特长，进行不同的教育。音乐组在特修课方面主要课程是键盘、视唱以及歌唱的练习，学习乐理知识和音乐欣赏等，使学生受到严格训练，并能在学习中欣赏、理解音乐，培养学生对学习音乐的浓厚兴趣。戏剧组强调以整个戏剧艺术知识的获得为中心，重视表演的学习，并要求学生对社会、政治也要有正确、丰富的知识，还要求学习其他各种艺术，并从历史发展的观点去认识戏剧艺术同其他艺术间的密切关系。绘画组除了系统的专业理论知识学习外，更强调要走艺术与实际生活紧密结合的道路，要求学生深入生活实际，去创作出反映现实斗争、现实生活的作品。育才学校的因材施教，为学生的迅速成长打下了坚实的基础。

教学做合一

活的乡村教育要有活的方法：活的方法就是教学做合一；教的法子根据学的法子；学的法子根据做的法子。事怎样做，就怎样学；怎样学，就怎样做。

——陶行知

知识链接

“教学做合一”的涵义

教学做合一有两种涵义：一是方法；二是生活的说明。

在方法方面，它主张教的法子根据学的法子；学的法子根据做的法子。不然，便要学非所用，用非所学了。

在合一方面，它是生活的说明，在做上教的是先生；在做上学的是学生。一个活动对事说是做，对己才是学，对人说是教。

在育才学校的教学实践中，陶行知十分注意引导学生在做中学，学了要做，使“教学做合一”。

教学做合一，这是生活教育理论的教学论。“教学做合一”用陶行知的话说，是生活现象之说明，即教育现象之说明，在生活里，对事说是做，对己之长进说是学，对人之影响说是教，教学做只是一种生活之三方面，不是三个各不相谋的过程。

陶行知认为：“教学做是一件事，不是三件事。我们要在做上教，在做上学。在做上教的是先生，在做上学的是学生。从先生对学生的关系说，做便是教；从学生对先生的关系说，做便是学。先生拿做来教，乃是真教；学生拿做来学，方是实学。不在做上用功夫，教不成教，学也不成学。”他以种田为例，指出种田这件事，要在田里做的，便须在田里学，在田里教。在陶行知看来，“教学做合一”是生活法，也是教育法，它的含义是教的方法要根据学的方法，学的方法要根据做方法，“事怎样做便怎样学，怎样学便怎样教。教而不做，不能算是教；学而不做，不能算是学。教与学都以做为中心”。由此他特别强调要亲自在“做”的活动中获得知识。

陶行知的“教学做合一”思想充满着辩证统一思想，使教师的主导作用和学生的主体作用在“做”这个实践过程中得到良性的运作，组成了一个有机的整体。

情景链接

育才学校实践“教学做合一”，鼓励学生到农村、矿山和社会斗争的大课堂中去学习。育才学校学生把学到的科学文化知识广泛地运用到社会实践中去，并造成很大的社会影响。逢年过节，他们演出抗战剧、出壁报，作街头宣传。对当地的小学，育才学校的教师为他们义务上课，开设新课程，学生去教唱歌，教识字，讲故事。学生还经常到附近的老百姓家中进行抗战宣传活动，使群众从惧怕、惊奇到愿意接近育才学校师生，进而了解全国抗战的伟大意义。育才学校还经常在校内外举行画展，并出了画刊，写标语传单，组织宣传队到乡间巡回展览、宣传。

影响与发展

影响

育才学校是陶行知继晓庄师范、山海工学团之后创办的又一所新式学校。陶行知在育才学校的生活教育实践，注重培养追求真理、追求进步的青年，培养勇于为国家、为人民奉献生命的革命战士，造就了一大批杰出人才。育才学校从开办到1946年陶行知还健在时，共招收学生410人。他们后来的去向，据不完全统计，去延安革命圣地的有22人，去中原、华北、苏北、皖南、浙东、云贵等根据地的有76人，去川东华蓥山同江姐开辟革命根据地的有23人，参加《新华日报》社工作的有10人，在成渝一带参加地下革命斗争的有13人，共计140多人走上直接的革命工作岗位。另外，有许多同学也都在不同的条件下为人民服务，不少人在艺术、科学、文教部门经过长期磨练，成为出色的专家学者与领导干部。当年育才学校音乐组的同学有的后来成为北京、上海音乐学院的骨干教师，以及音乐界重要的作曲家和演奏家，其他组的情况也是桃李芬芳。

发展

随着时代的推进，育才学校也在不断地发展。

作为一所以陶行知先生命名的学校，行知中学始终传承行知教育思想，既有传统的“知行、行知、真人”，也有西方的“民主、平等、进步主义”。行知中学在课程改革中，始终强调传承陶行知先生“教学做合一”的思想。

学校认为如今的学生不仅要学会学习，还要参加学生社团和研究型课程学习，更要参与研究做一些小课题、写小论文……每一个学生能达到自己会思考、会研究、会反思，能表达自己学习和研究成果的程度。

“学生、教师在学校一日生活中体验的总和就是课程。”“如果我们的师生，在教与学中能体现‘教学做合一’的思想；在管理中能充分被相信，进行自主管理，在不同的舞台展示自己的潜能；那么，我们的教育便会越来越接近高位均衡的‘新起点’，越来越接近我们心中的教育理想。”

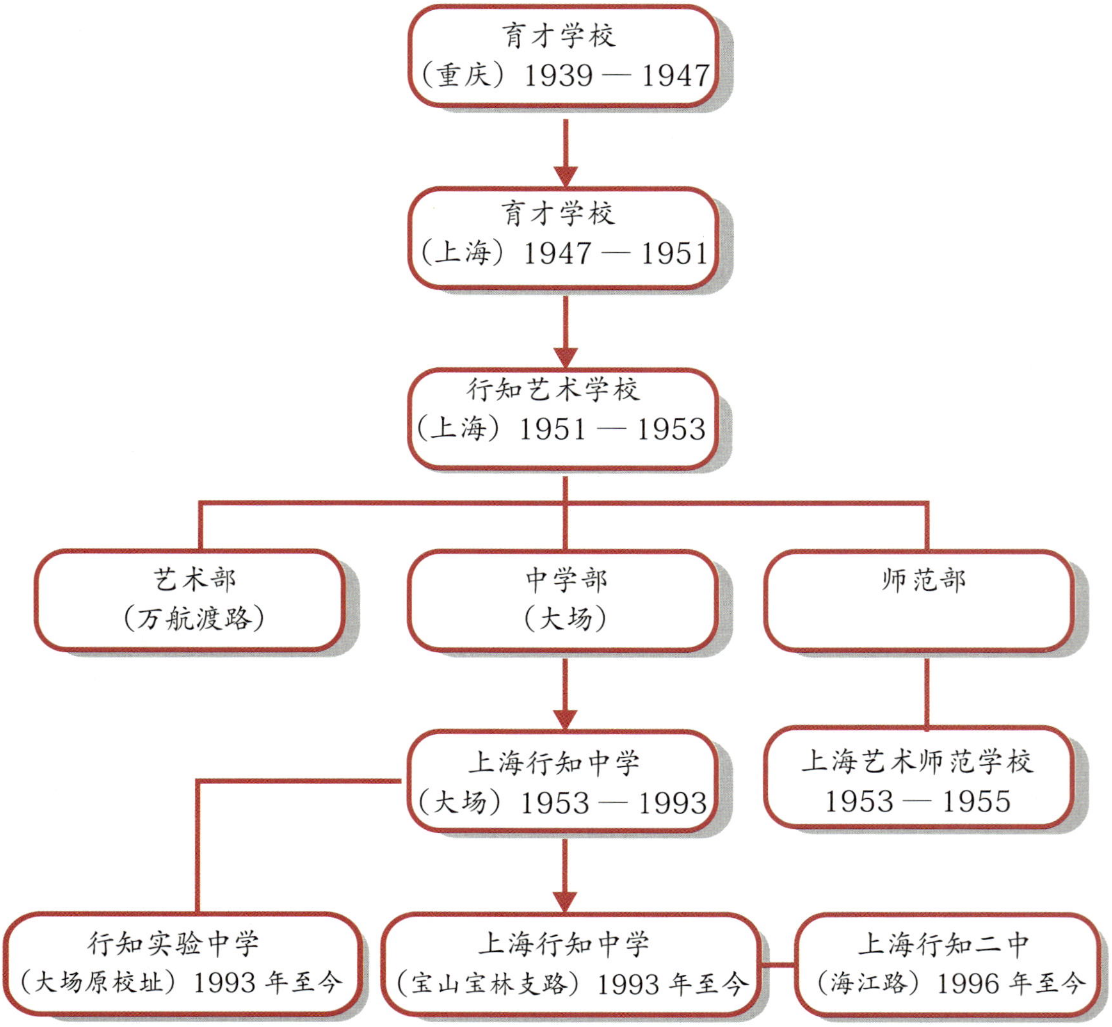

第二章 行知教育

■ 立德 ………………… 31

■ 学知 ………………… 49

■ 创造 ………………… 67

■ 健身 ………………… 85

爱国篇 | 责任篇

尊重篇 | 诚信篇

立德

爱国篇

傻瓜种瓜，种出傻瓜。唯有傻瓜，救得中华。

——陶行知

行知轶事

做国家的小主人

1940 年，中国遍地战火，日寇铁蹄践踏大江南北。很多孩子在战争中失去父母成为无人养护的孤儿，有的年龄还很小，有些人认为国家有难，自顾不暇，无力照料这些难童，能给他们吃饱穿暖就不错了，很多学校毁于战火，哪里还顾得上办教育。陶行知认为，任何时候，对孩子的教育都不该放弃。孩子是国家的未来，不管是孤儿还是有家的，国难当头，更要对他们进行国难教育。他经常为孩子们演讲。有次为战时儿童保育院的难童讲话，他拿出一张纸，是大家都认识的中国的“中”字，难童大多会读这个字，全场高声朗读：“中，中！”

> 自勉并勉同志
>
> 陶行知
>
> 人生天地间，各自有秉赋；
> 为一大事来；做一大事去。
> 多少白发翁，蹉跎悔歧路。
> 寄语少年人，莫将少年误。

陶行知把纸歪倒，他说：“如果中国躺下睡觉了，哪儿还有精气神？”他又说：“如果中国不但睡觉，还在昏睡中，自己的胳膊打自己的腿，互相殴打，最后腿、手都打断了，‘中’字变成了什么？”难童回答不出。他抽出一个“日”字说：“中国要昏睡，又在昏睡中打内战，‘中’字必定变成这个‘日’字，中国就变成日本的殖民地。我们能再昏睡吗？”“不！”孩子们齐声喊道。

陶行知又拿出了“中”字说：“大家永远记住：团结、联合、不睡大觉！让我们伟大的祖国永远站立在亚洲，站立在世界！你们要做国家的小主人。责任落在我们肩上，也落在你们身上。”

不让“中”字躺倒在地，不让中国躺倒在地，陶行知的话深深地烙在了孩子们心上。

点石成金

陶行知用浅显易懂的一个“中”字，形象地告诉了我们要做国家的小主人。虽然我们生活在和平年代，但是“爱国”却是每一个中华儿女都应该铭记在心的。

爱国是个人的本分

> 小盘古
>
> 陶行知
>
> 我是小盘古，我不怕吃苦。
>
> 我要开辟新天地，看我手中双斧。

抗战时期，有小孩子给陶行知写信，说自己是个小孩子，没有力气，也不会打枪，不能上战场杀敌，怎么爱国？有一个孩子在逃难途中全家被敌机炸死，他捡了一条命。胸怀国仇家恨的他奔走在招兵处，坚决要去当兵，但因尚未成年，都不肯收他。他痛哭流涕在街上乱走，被陶行知收进了育才学校。这孩子进了育才学校，有吃有穿又有书读，但他经常要逃出去。他逃一次，陶行知派人找回一次。每次回来，他不是痛哭失声，就是沉默寡言，老师们轮流去劝，都打不开他的心结。陶行知爱孩子，能体察他的心声：孩子认为血海深仇非报不可，现在不是上学的时候，要上战场，拿起枪杀敌人，为一家人报仇。有一天他又逃出去，陶行知亲自找他回来，请他到家里，为他擦去脸上的污秽，下了一碗面给他吃。他温和地抚着孩子的头说："你有仇，中国人都有仇。不把日本鬼子赶出国土，国无宁日，家无宁日。"

陶行知又说，凡是脚站中国土地，嘴吃中国五谷，身穿中国衣服的，无论男女老少，都应当爱国。不过各人所处地位不同，爱国的方法也不能尽同。小孩子用心读书，学做好人，就是爱国。今天多做一份学问，多养一份元气，将来就能为国家多做一份事业，多尽一份责任。他劝孩子说："打仗的事交给大人去做。你现在应是学习。这才是你的本分。"

小孩子要想服务社会，可以从家里的事学起、做起。一面学，一面做；一面做，一面学。能把家里的事学会了，做好了，将来就会有本事去服务社会。孩子说，我没有家，上哪儿去学做家里事？陶行知安慰他说，"育才"就是你的家，照样可以扫地抹桌，洗衣做饭，还可走出校门，为老百姓服务，一样是学本事，一样是爱国。

点石成金

> 爱国不需要人人上战场，尽了本分，把自己该做的事做好了就是爱国。换句话说，小时候爱家，爱学校，为家庭服务，为别人服务，长大了便能爱国，为国家尽力。

智慧启迪

爱国即热爱自己的祖国，是指每个公民从内心深处产生的对祖国高尚而深厚的情感，集中表现为民族自尊心、自信心和自豪感。爱国是每个公民义不容辞的责任，是中华儿女最自然朴素的精神追求。

陶行知生活的年代，是祖国的危难之际、多事之秋。自鸦片战争爆发以后，中国由一个闭关自守的封建社会，到被帝国主义列强用枪炮打开国门，被迫对外开放，成为一个半

殖民地、半封建的社会。生活在这样一个时代的陶行知，亲眼见到生活在社会最底层的广大劳动人民（特别是占中国人口80%以上的农民们）过着贫穷、愚昧、落后、受压迫、受欺凌的悲惨生活。另一方面由于他在美国留学的经历，他亲眼见到了世界一些发达国家中先进的东西，先进国家与落后国家之间的强烈反差重重地刺激着陶行知那颗忧国忧民的心，他热切地希望祖国能够尽快地改变贫穷落后的面貌，早日跨入世界先进国家的行列。而他觉得让每个中国人都有受教育的权利，掌握知识才能改变国家的命运，因此投身教育成了他毕生的事业。

在幼年时，陶行知就在崇一学堂宿舍墙上写下了“我是一个中国人，要为中国做出一些贡献”的话语。读大学期间，他受辛亥革命影响，在校积极参加爱国活动，主笔《金陵光》学报中文版。在《金陵光出版之宣言》一文中，他号召全校同学，努力学习和工作，发出自己的光和热，报效祖国，“使中华放大光明于世界”。他曾出访28个国家及地区宣传抗日，周恩来称他为“无保留的党外布尔什维克”。

而对于我们青少年来说，爱国并非要做惊天动地的大事，每个人做好自己的本分就是爱国的一种表现。因此，对于我们同学来说，爱国就是要努力学习，这种学习不光是文化知识的学习，更有生活本领、品德品行的学习培养，做好我们现在能做的一件件小事就是爱国。

知识链接

《中学生日常行为规范》

维护国家荣誉，尊敬国旗、国徽，会唱国歌，升降国旗、奏唱国歌时要肃立、脱帽、行注目礼，少先队员行队礼。

知行合一

1. 微感言

请观看“中国人民抗日战争胜利暨世界反法西斯战争胜利70周年”大阅兵，写出你的微感言。

2. 小故事

寻找有关爱国的感人故事，并在班队会上分享。具体流程：

1. 自己利用课余时间寻找有关爱国的小故事；

2. 小组内分享自己查找到的小故事；

3. 每组推荐 1—2 名学生进行全班分享；

4. 自由发言，说出最令你感动的故事及其原因。

3. 小活动

“带着国旗去旅行”摄影小展示（请同学们在假期中外出游玩参观时，带上我们的国旗，一起在祖国的壮丽山河前合个影吧！）

责任篇

知责任，明责任，负责任。

——陶行知

行知轶事

写字很重要

写字似乎是小事，俗话却说“字如其人”，小事里含有大道理。陶行知的儿子小桃写字春蚓秋蛇。有一次，他给父亲写了一封信。陶行知拆开一看，信纸用的是张废纸，边角没裁平，好多字看不清楚，看了半天也猜不出信里的意思，他非常生气地立即回信：“你的字写得太野了，这是必须要改正的。你的字总有一部分令人看不懂，就是看得懂也叫看信人十分难过，甚至头痛。用废纸是好习惯，但要裁整齐才是对人尊重。这点小事如不痛改，将来必有一天，要让人把信摔到字纸篓里去。”又有一次，他对字写得糟糕的学生说，写这样的字给人看，轻则污人眼目，重则简直是浪费别人的生命。

字是写给别人看的，如果写得让人看不懂，不仅给别人带来很多麻烦，还会给自己造成严重后果。如有些人因字迹潦草在高考中失分；因写字马虎在招聘会上碰壁；因字如蟹爬，被看错而误了大事；医生写处方如字迹模糊更是人命关天的大事……因字而发生命运改变的事时有所闻。把字写好，尽可能把字写得端正、漂亮，让人觉得你为人严谨细致，从而对你产生好感，愿意与你交往，你的为人处世会产生事半功倍之效，何乐而不为呢！

要下决心，坚持不懈，讲究方法把字写好。可以把字帖放在手边，边看边摹。可用手在身上写划，或用干毛笔在字帖上临摹。练习久了，就能得心应手，写出好字来。

点石成金

字如其人，写一手好字，等于你在社交时递上一张闪光的名片。

居住环境很重要

人造就环境，环境也造就人。好的环境，会使人安静、平和；坏的环境，会使人烦燥、激动。学会居住礼仪，为的是养成文明习惯。

育才学校规定宿舍要“四度整洁”，即一天几遍打扫卫生，使灰尘无停留之地。窗明几净，赏心悦目，井然有条，是人性化的自然美术，人在其中，便能乐而忘忧。

旧中国生肺结核病的人很多，除了贫穷外，很重要的原因是不注意卫生，随地吐痰。小小一口痰，细菌千万。陶行知写过一首诗：“生痨病，真难过，痨病虫儿小又多，一根针杪上，能站在五百个。干了飞进肺里去，肺里处处都戳破；今天一命呜呼！都是随地吐痰的罪过。”所以，他特别规定了“吐痰入盂”。如走在路上，找不到痰盂，应吐在手帕上，或包在废纸里扔进垃圾箱里。在屋里，空气流通小，更不能乱吐痰，滑腻腻的，踩上去易摔跤，屋小，痰干了，细菌四处飞扬，吸到肺里去，生了病才倒霉呢。

中国人口众多，在公共场所大家都不管不顾地大喊大叫，会形成高分贝的噪声巨浪，使环境嘈杂，令人心烦意乱，影响健康。育才学校专门划分了地区，如文学组在“普希金林”里朗诵；音乐组在小河边拉提琴；戏剧组在教室里排演……为的是不互相干扰。有一次，音乐组的人跑到“普希金林”里拉提琴，结果，害得朗诵的同学听不见自己的声音，拉了半天的提琴，自己也不知拉对了没有。两种声音搅在一起打架，变成了难听的噪声。这是完全可以避免的。

保持安静，宿舍便成为真正的休息之地。养精蓄锐后，可以更好地学习、劳动。即使在家里，也要注意安静为主，放音乐、看电视都适可而止。特别在半夜三更，把音响开得震天响，弄得左邻右舍怨声载道，这恐怕与道德有关了。

按时起床、睡觉；睡觉时不吃零食；起床时脚步放轻，不影响别人；开关门都应轻、慢，用手扶一下。室友如未起床，不开窗、不拉开窗帘……这些都是生活小节，都是居住文化，如习惯成自然，定能成为一个谦谦君子。

点石成金

陶行知先生认为环境问题关乎所有人，不分什么你我。保护好，使所有人受益；保护不好，损害所有人利益。不随地吐痰、不噪声扰民等是个人“小”事，关乎个人责任，也关乎“大”责任，个人小事不抓好，也不可能使天更蓝、鸟更多、花更艳、河更清！

智慧启迪

责任是份内应做的事情，也就是承担应当承担的任务，完成应当完成的使命，做好应当做好的工作。责任是一种能力，又远胜于能力。责任是一种精神，更是一种品格。

陶行知先生认为责任要从小事做起，大事是由小事积累而来的。写字虽是小事，却可看出一个人的生活态度。字正则心正，心正则事成。适其小而求其大，做人怎会不成功！

人在社会中生存，就必然要对自己、对家庭、对集体、对祖国承担并履行一定的责任。首先是要对自己负责。自己做什么事情都要有责任心，做什么事情都要尽到自己的责任，将责任落实在日常行为中，从点滴小事做起。责任无处不在，不仅要对自己负责，而且要对他人、对社会负责。父母养儿育女，儿女孝敬父母，老师教书育人，学生尊师好学，医生救死扶伤，军人保家卫国。

每个人只有在对责任的承担中，才能体现人生价值。只有每个人都切实承担起责任，社会才能和谐稳定。

学生责任小贴士

1. 经常运动来保持健康。
2. 对人生有所规划。
3. 做错事要主动认错道歉。
4. 在校能积极为班级服务。
5. 做力所能及的家务。

知行合一

1. 对你自己负责，才能让别人对你负责。在实际生活中真正做到一个有责任的人。

请根据自己的实际情况，明确自己的不同责任，对人生有所规划。（每个方面至少三条）

在家里：你是____________________

你的责任有：____________________

在学校：你是____________________

你的责任有：____________________

在社会：你是____________________

你的责任有：____________________

2. 自我检查

陶爷爷曾说“行是知之始，知是行之成”，请你自查一下，根据以上三个方面挑选一个自己觉得做得不足之处，制定一份一周行动计划。

过程性记录：

	第一天	第二天	第三天	第四天	第五天	第六天	第七天
评价内容							
自我评价							

3. 实践拓展

“我是小小志愿者”，在社区活动中，以小组为单位，进行一个社区服务活动，并按照下表填写活动体会与评价表。

<table>
<tr><td>学生姓名</td><td colspan="6"></td></tr>
<tr><td>服务地点</td><td></td><td>服务对象</td><td></td><td>服务时间</td><td colspan="2"></td></tr>
<tr><td>服务内容</td><td colspan="6"></td></tr>
<tr><td>服务活动体会</td><td colspan="6"></td></tr>
<tr><td></td><td>评价与认定</td><td colspan="4">评价等级</td><td>签名</td></tr>
<tr><td>自我评价</td><td></td><td></td><td></td><td></td><td></td><td></td></tr>
<tr><td>组长评价</td><td></td><td></td><td></td><td></td><td></td><td></td></tr>
<tr><td>指导教师评价</td><td></td><td></td><td></td><td></td><td></td><td></td></tr>
<tr><td>学校综合评定</td><td colspan="6">签名（或盖章）　年　月　日</td></tr>
</table>

尊重篇

真教育是心心相印的活动，唯独从心里发出来，才能打动心灵的深处。

——陶行知

行知轶事

四块糖的故事

一天，陶行知在校园里看到学生王友用泥巴砸自己班上的男同学，陶行知立即制止了他，并让他放学后到校长室去。

放学后，王友早早地来到校长室门口准备挨训。这时，陶行知走过来了。他一看到王友，就掏出一块糖果递给他，说：“这是奖给你的，因为你按时来了，而我却迟到了。”

王友惊愕地接过糖果，目不转睛地看着陶行知。这时，陶行知又掏出一块糖果递给王友，说：“这块糖果也是奖给你的，因为当我不让你再打人的时候，你立即就住手了，这说明你很尊重我，我应该奖励你。”

王友更惊愕了，他不知道校长到底想干什么。

这时，陶行知又掏出一块糖果放到王友的手里说：“我已经调查过了，你用泥块砸那些男生，是因为他们不守游戏规则，欺负女生。你砸他们证明你很正直善良，并且有跟坏人作斗争的勇气，应该奖励。”

王友听了非常感动，他失声叫了起来：“校长，你打我两下吧，我错了，我砸的不是坏人，而是自己的同学呀！”

陶行知满意地笑了，又掏出一块糖果递给王友，说：“你能正确地认识错误，这块糖果值得奖励给你。现在我已经没有糖果了，你也可以回去了。”

怀揣着糖果离开校长室的王友，心情难以想象。结果这件事被这个孩子记着一辈子。

点石成金

先生用四块糖果对学生进行了三次表扬而不是批评，第一次表扬学生的诚信；第二次表扬学生的正义；分量最重、含义最深的是第三次表扬，对自己的自我教育。

陶行知先生凝聚爱心、宽容、平等、尊重的这四块糖，让学生感受到了尊重，从而在心灵深处产生纠正错误、完善自己的愿望，取得了事半功倍的教育效果。

要做人中人

有一次，一个学生写作文时，用“吃得苦中苦，方为人上人”这句古语来鼓励自己。陶行知把学生找来，说这句话不大妥，请他自己纠正。学生想了半天，不知错在哪里，说：“这句话很对，要做‘人上人’，必须先吃苦。”他见陶先生严肃地不发一语，虽不明此话何处不妥，还是感到也许错了，想了一会儿，把句子划掉改成“吃得苦中苦，方为人下人”。

陶先生说，这句话也不对。学生生气了：“‘吃得苦中苦，方为人上人’是古语，本来就没错。古人不是有‘悬梁刺股’‘凿壁借光’之举，不吃苦哪能做官，哪会发达成为‘人上人’？你硬说不对，我改了，还是错，这也不对，那也不对，索性改成‘不吃苦中苦，宁愿不做人’罢了。”陶先生耐心地说：“在公平的世界里不该有‘人上人’和‘人下人’，只有‘人中人’。”学生争辩道：“事分好中差，人分三六九，不可能都一个水平。哪能都是人中人？”陶行知说：“人与人之间平等、互助、友爱相处的人就是‘人中人’”。

点石成金

人可能以职业分，以地位分，以金钱分，无论怎么分，这些都是暂时的。做“人上人”要压迫别人，“人下人”甘受压迫，都不对，做人要做“人中人”！我只有成为人中人，时时活在人民之中，能助人，又被人助，才活得踏实。

智慧启迪

尊重就是敬重、重视。人的内心里都渴望得到他人的尊重，只有尊重他人才能赢得他人的尊重。

《小孩不小歌》充分体现了陶行知先生相信儿童、尊重儿童、理解儿童的教育思想。自尊心和自信心是我们成长的重要条件，相信自己，趁着年轻，学好本领，这是对岁月的最好尊重。

> 小孩不小歌
> 陶行知
> 人人都说小孩小，
> 谁知人小心不小。
> 你若小看小孩子，
> 便比小孩还要小。

> 学生责任小贴士
> 1. 与人交谈的时候，要认真聆听。
> 2. 要礼貌待人，微笑待人。
> 3. 不随便给人起外号。
> 4. 有事要先征得别人的同意。
> 5. 真诚地关心他人。

学会尊重自己，就是不要瞧不起自己，有自信，是对自己最好的尊重。学会尊重家人，有利于家庭和睦相处，形成融洽的家庭氛围。学会尊重他人，有利于广交益友，生活就会多一份和谐，多一份快乐。

一个真正学会尊重的人，一个真正致力于学会尊重的人，他的人生一定是成功的人生！

知行合一

1. 尊重他人与它物，是现代社会重要的人格品质，是一个人应具有的礼仪修养，尊重作为礼仪的核心原则，是我们生活中必须遵守的。

下面我们来根据自己的实际情况自我测试下，看你能获得几颗星★。

公共场所：

先下后上，并为下车者让出空间。（　）

在乘扶梯时，靠右侧站立，空出左侧的通道以供需要快速通行的乘客行走。（　）

进出电梯时为需要帮助的人按住电梯门。（　）

教室里：

不给同学起“绰号”。（　）

保持教室和课堂环境整洁。白天上课要集中精力注意听老师讲课。（　）

图书馆：

要保持安静。走动时放轻脚步，安放椅凳时尽量不发出声响。（　）

遵守展览会规定（如不拍照，不抚摸展品，不吃零食）。（　）

在家里：

早起时，向父母长辈问好。傍晚回到家，也要向父母问候。（　）

应尽量按时回家吃晚饭，如有事耽搁或晚归，需及时向家人报平安。（　）

2. 尊重他人才能获得尊重，为此，我们要学会尊重他人，并在实际生活中真正做到善于尊重他人。

根据你所在学校的实际情况，开展以“学会尊重他人”为主题的活动。

请你参与，帮助完成下列准备工作：

（1）寻找我们身边尊重他人的一个事例。

（2）分组交流，谈谈自己的感受和收获。

3. 实践拓展

学以致用：根据以上列举出来的事例，选择一个，设计一个小课本剧，并在班会上演绎。

（1）设计小剧本

题目	
人物	
时间	
地点	
道具	
背景	
幕名	
故事梗概	

（2）排练演绎

根据剧本内容，自行排练，在班会课上演绎。

诚信篇

千教万教教人求真，千学万学学做真人。

——陶行知

行知轶事

宁为真白丁，不做假秀才

陶行知的二儿子陶晓光从小跟着父亲参加生活教育运动，因此没有正规学校的学历证书。这使得陶晓光在工作上面也不是很顺利。

1940 年夏天的时候，有人为陶晓光介绍了一份工作，是一家无线电修理厂。陶晓光十分开心地来到了工厂里，可是工厂方面却要求陶晓光必须出示自己的学历证书，为了不失去这份来之不易的好工作，出于无奈，陶晓光就给育才学校的副校长写了一封信，请他给自己寄一份学历证书。育才学校的副校长是陶行知的学生，他虽知此事不妥，但觉得就业事情比较大，就给陶晓光寄去了毕业证书，但是证书刚一到陶晓光手中，他的父亲陶行知的急电也到了，急电中严厉地呵斥了陶晓光，并且绝不允许陶晓光使用该证书，以及要求陶晓光立即将证书寄回学校。

陶晓光刚看完父亲的急电，又再次收到了父亲陶行知的一封书写信，信中告诉陶晓光：“我们必须坚持‘宁做真白丁，不做假秀才’之主张……总之，‘追求真理做真人’不可有丝毫的妥协。”

厂里了解了情况，认为晓光虽然没有正规学历，却有很强的工作能力，决定录用他。陶晓光记住了父亲的话，一生追求真理做真人，成为一个很有成就的专家。

点石成金

在陶行知先生看来，“宁为真白丁，不做假秀才”，追求真理做真人，乃为人之根本，绝对容不得半点越轨。这是一种对人生的认真，对诚信的执着。我们的人生也应该一步一个脚印，用自己的努力去到达成功的彼岸。

信守承诺，按时回校

1927年冬，冯玉祥将军任河南省督军。他和教育厅长凌冰一起，几次邀请陶行知去河南，帮助他们规划教育。陶行知因晓庄学校初办，不敢擅离，一再婉言谢绝。

冯玉祥一连来了三封信，最后一封信恳切地提出：只要陶行知肯去，哪怕只去一天，他便要为晓庄盖一间房作为感谢。这一来，陶行知无法拒绝了。

他决定去一次，但不敢擅自决定，就召集大会向全体师生说明情况并请假。有人不同意他去，认为去了冯玉祥肯定要留住他。赵叔愚先生却说："冯玉祥将军是守信用的人，何况他还要为我们盖一间房。晓庄正缺房子，这么好的机会怎么能放弃呢？"两方面的意见都有道理，争得不可开交。一个学生站起来说："不要争了，去是可以的，但要限定一个日期，如过期就要受罚。"一女孩子说："现在正值打仗，交通随时有中断的危险。遇到这种情况，陶先生怎么回得来？"

"想回来总有办法的，叫陶先生自己说。"后面有人喊道。

"对，叫陶先生说。"

陶行知满面笑容地站起来说："你们相信我，我就去。不相信呢，我就不去。如果让我去，我一定按时回来。"

"好！"大家欢呼起来。

陶行知向大家交待了晓庄的事后说："我去一个月，今天是 11 月 3 日，12 月 3 日我准回来。"

一个月很快过去了，12 月 3 日一早，就有人在门口等，可是等到太阳落山，还不见陶行知的影子。同学们聚集在校门口议论着："陶先生不管我们了。"有人怪赵叔愚："都是你说冯玉祥守信，瞧，被他拖住了。"赵叔愚说："3 日要到半夜方过。陶先生一定会回来的。"他嘴里这么说，心里也没底，不时伸长脖子向山那边看。

> 平老静还金镯
>
> 陶行知
>
> 平老静，家住在保定。
> 人格最高尚，一品老百姓。
> 夫妻开设肉包铺，保定人人都相信。
> 但觉本钱不够大，有个朋友表同情，
> 借了一双镯子去押当，包金镯子里面却是银。
> 除夕拿钱赎出来，银镯变成纯赤金，
> 这镯不是原来物，不义之财不可领。
> 可喜大年三十晚，夫妻出门把老板寻，
> 找着典当老板把镯换，不要赤金要包金。
> 保定包子铺几十个，唯独老静肉包最出名，
> 老静并不登广告，人人心里自相信。

太阳已坠入地平线，天色开始昏暗，伙房的饭菜早已凉了，但是谁都不肯去吃，校门口的人越聚越多。

忽然，有人叫起来："看，陶先生回来了！"远远地走来一个人，人影越来越近，孩子们一拥而上纷纷叫："陶先生，陶先生！"急得掉眼泪的女孩子，腮边挂着泪笑了，她偎依在陶行知的身旁，紧紧地拉着他的衣角说："我们再不放你出去了！"

"我准时回来了，下次还要放我去才是，怎么要罚我不准出去呢？"他对赵叔

愚说："天晚了，没有渡船，我绕了十里路，赶得一身汗，瞧，鞋子都走破了。"他抬起脚，大家看见沾满灰尘的黑布鞋豁了一个口子，女孩子心疼地说："你不会住一夜再回来？""那还得了，我怕你的眼泪会流成河呀！"一阵欢笑惊起了归鸟。陶行知如此守信，在晓庄传为美谈。

点石成金

陶行知为了自己的一句承诺，绕了十里路赶回学校。这种一诺千金的行为就是一种诚信的体现。我们在日常生活中，要对自己的言行负责，说到就要努力做。因为一个人只有信守承诺，才会得到别人的尊重。

智慧启迪

诚信，即诚实守信，是处理人际关系的基本伦理原则和道德规范。表现在人与人的关系上，就是人们相互诚实守信、言行一致，能互相尊重、互帮互助、融洽相处；表现在人与社会的关系上，就是珍惜和爱护社会公共财物和设施，尊重他人劳动成果；表现在人与自然的关系上，就是自觉保护环境，维护生态平衡。诚实是守信的基础，守信是诚实的外在表现。诚信是一种美德，对己诚实、对人守信、对事负责，是诚信的基本要求。

陶行知的"每日四问"其中一问就是："我的道德有没有进步？"他将道德分为"公德"和"私德"。他在讲"建筑人格长城"时提到杨震的"四知"也展示了"私德"里诚信这一美好的品质。

爱因斯坦与波尔在学术上争论得不可开交，却能映出坦诚交流、互存的情谊；《致加西亚的信》一书再度掀起销售热潮，只因忠于职守的主人公信守一个承诺"把信送给加西亚将军"；群雄逐鹿的家电峰会上，听到海尔"真诚到永远"的铿锵诺言时，我们需要明白："人无信而不立，鸟无翅而不飞。"我们青少年树立诚信要从点点滴滴做起，不说谎话夸海口，诚信考试不作弊，作业独立完成不抄袭，依靠自己的努力而非通过不正当的手段获得荣誉，在这些小事中建筑自己的诚信人格长城。

知识链接

中学生日常行为规范

中学生要诚实守信，言行一致，答应他人的事要做到，做不到时表示歉意，借他人钱物要及时归还。不说谎，不骗人，不弄虚作假，知错就改。

知行合一

1. 小自查

自查题	星级自鉴
1. 我觉得言而有信很重要	☆☆☆☆☆
2. 别人都觉得我很诚实	☆☆☆☆☆
3. 与别人的约会，我总是会准时到达	☆☆☆☆☆
4. 我的作业都是独立完成	☆☆☆☆☆

我总共得到了______颗星。

2. “小小代言人”

我觉得诚信就是____

____

我是________班____________，我为诚信代言。

3. 小调查

请做一名小记者就以下某个问题采访 3—4 名同学，并写出你的调查小报告 .

（1）你支持设立无人监考的“诚信考场”吗？为什么？

（2）答应同学陪他一起去书城买书，但是父母说要带你去游乐园玩，你会怎么办？

（3）在无人看见时捡到 100 块钱，你会怎么处理？

调查报告

调查人：__________ 采访人数：__________

调查结果：__________

分析总结：__________

坚持篇 | 勤奋篇
合作篇 | 求知篇

学知

坚持篇

在学习过程中，光有智力不行，有了学习的热情也不够，还必须有坚持到底的意志，才能克服各种困难，使学习取得成功。

——陶行知

行知轶事

人生不是尝试，需要坚持

山海乡村幼稚园办起来了，农妇纷纷抱着幼儿来入托。

陈鹤琴来了，向陶行知拱手问好后说：“陶先生，我知道您缺人手，给您送来两个学生，您要不要？”陶先生喜极，问：“是国立幼稚专科学校的？”“是的，交给您，帮您办乡村幼稚园。”说着指指身后两个穿月白旗袍的女孩子。

陶先生连连拱手致谢：“谢谢，谢谢！您真是雪中送炭，欢迎你们。”忽然，他好像想起了什么，一本正经地问女学生：“你们会倒马桶吗？”

女学生愣住了，不解地看着陶行知，不知如何回答。陶先生带着一丝狡黠的微笑看看陈鹤琴，陈先生抚掌大笑。陶先生笑着说：“在农村，有时候拉的问题比吃还重要，不会倒马桶可难办了。”

> **知识链接**
>
> “锲而不舍，金石可镂。”
>
> “精诚所至，金石为开。”
>
> “古之立大事者，不惟有超世之才，亦必有坚忍不拔之志。”

女学生轻声说：“不会，我们可以学。”陈先生满意地点着头。陶行知带陈先生在幼稚园参观。戴自俺将女学生领入幼儿的房内，小伙伴们亲热地招呼她们：“大姐！”

“我叫李宇，她是王景霞。”孩子们齐声叫：“李姐！王姐！”

李宇抱起一个幼儿，幼儿的尿布散了，尿流在她漂亮的旗袍上，慌得她手足无措地站着，不知怎么办才好。农妇将幼儿抱到一边，三下五除二，很快给幼儿换好了尿布。

四天以后，李宇感到周身不适，吃过晚饭，她心烦意乱地躺在床上暗暗流泪。陶行知走进屋来，摸摸她的手关切地问：“什么地方不舒服？”

李宇哽咽着说：“我身上发出许多疹子，又痒又痛。晚上外面有狗叫，吓得睡不着。”她拭了一下泪又说：“嫂子、大妈都不理我。”

“你知道她们为什么不睬你？我们入乡要问俗。你穿的月白旗袍，在城里是漂亮衣服，可在乡下人眼里，白衣服却是丧服。你犯了农人的忌讳，她们才躲着你。至于疹子，那是水土不服之故，时间长了自然会适应。”

陶先生站起身，望着窗外缓缓地说：“要做成一件事是很难！唐僧去西天取经，经过九九八十一难，九死而一生，才取得了真经！”

“我想来试试，谁知那么难！”

“人生不是尝试，而是奋斗！要成功就要奋斗，要奋斗就不能害怕困难。我送你四个字：不急不息。不要急于成功，但要不间断地努力。把心捧在手上献给农民，坚持下去定会成功。”

夜深了，李宇望着陶行知远去的背影，沉思许久。她从箱子里取出短衣裙换上，对着镜子梳理。她用手抚着自己红肿的眼睛，想着自己的幼稚和无知，不禁失声笑了。

“人生不是尝试，而是奋斗！”陶行知的教导成了李宇的座右铭。她毕生致力于幼儿教育，默默地耕耘，不懈地奋斗，取得了很大的成功。

点石成金

来自城里的女孩李宇喜欢当幼儿园老师，来到农村后一开始不能适应农村的幼儿园教学，陷入苦恼中。在陶行知的点拨和鼓励下，用坚持不懈的努力奋斗去融入农村幼教，因而受益一生。

钢脑袋

皖南事变后，重庆笼罩在白色恐怖之中，陶行知先生创办的私立育才学校也陷入了困境。面对国民党反动派的政治迫害和经济封锁，陶行知毫不畏惧地说：“武训能讨饭办三所学校，我和我的朋友的社会关系都比他好，连个学校也不能维持，将何以对得起小朋友，何以对得起中华民族。”他拒绝了一些友人劝他停办学校的好心劝告，挑起了两百多名师生的生活、教学重担。陶行知带领师生们开源节流，建立了三个农场，开荒种地，生产自救，组织学生剧团进城义演，他到处奔走，卖字、卖稿、卖讲，还动员熟悉的朋友帮忙筹款。

国画家许士骐应陶行知的要求，几次将卖画收入捐给育才，又向亲友们募捐。一位亲友经许士骐劝说，捐了5 000元，许士骐看到陶行知如此劳累，很不忍心，第二次又

上门去劝捐，那人又捐了3 000元。育才学校眼看揭不开锅了，陶行知恳请许士骐第三次再去，许先生说：“俗话说，前债未清，免开尊口。已去了两次，实在不便启齿。再去，恐怕要碰钉子。”陶行知说：“钉子，没什么可怕。为了孩子们，我去碰一次试试。”很晚了，陶行知才回来，他高兴地对许士骐说：“你看，没有白去。我再三劝，你的亲戚被我感动了，不但捐了款，还送给学校一块地。”他喜滋滋地说：“我已下定决心，不怕碰钉子。碰到‘软钉子’，用‘棉花胎’对付。碰到‘铁钉子’，就用‘钢脑袋’对付。这样，不会碰得头破血流。有了钢脑袋，钉子怎奈我何！”“棉花胎”脑袋是注重策略，以柔克刚，以情动人，以退为进，同样可以办成事。“钢脑袋”是坚持原则，百折不回，屡战屡败，屡败屡战，以至于成。两种方法是解决问题的两面，其实质是一样的：不达目的，决不罢休！

知识链接

“骐骥一跃，不能十步；驽马十驾，功在不舍。”

“合抱之木，生于毫末；九层之台，起于垒土；千里之行，始于足下。”

点石成金

陶行知在困境中为了维持育才学校的运行，忘却疲惫坚持不懈地去募捐，不被拒绝和困难吓倒，用“钢脑袋”百折不回，最后得以成功。

智慧启迪

坚持就是意志坚强、坚忍不拔的精神状态。在学习中，坚持常常表现为一个人长时间地保持充沛的精力和顽强的毅力，奋斗不懈的行动，以达到预期的目标。古往今来，成功者之所以能取得业绩，他凭靠的是坚韧不拔的意志和坚持不懈的努力，而不是偶然性的运气。常言道：机会只给有准备的人。所谓的准备正是不懈的坚持。

陶行知认为，“在学习过程中，光有智力不行，有了学习的热情也不够，还必须要有坚持到底的意志，才能克服各种困难，使学习取得成功”。坚持原则，百折不回，屡战屡败，屡败屡战，才能以至于成。

在坚持的过程中，我们会经历失败。然而只有历尽艰辛，才会拥有毅力。如果你从未失败，你不会学会如何重新爬起来。每当我们重新振作前进时，我们都会更加坚强，更有能力去实现我们最终的目标。俗话说“无志之人常立志，有志之人立长志”，认准正确的目标，锲而不舍地奋斗下去，成功终将属于你。

知行合一

1. 寻找体现“坚持”的成语和典故，并和同学们进行交流。

你找到的成语和典故：

____

____

____

你觉得这些成语和典故从哪些方面体现了坚持：

____

____

____

____

____

2. 体验“看看你的意志力”小游戏。

游戏步骤：

（1）准备黄豆、赤豆、黑米、白米若干。

（2）把黄豆和赤豆混在一起，然后把它们分拣出来。试一试你花了多少时间？

（3）分别取一把白米和一把黑米，并把它们混在一起，然后分拣开来。试一试你花了多少时间？

（4）完成游戏后，请大家谈谈在活动中感受到的内心体验，理解坚持对学习、生活的重要性。

3. 组织一次以“寻找好习惯”为主题的活动，请同学们寻找身边的好习惯，分享能够坚持好习惯的体会。

勤奋篇

我想我们每一个人，能把“一”“集”“钻”“剖”“韧”五个字做到了，在做学问上一定有豁然贯通之日，于已于人于社会都有贡献。

——陶行知

行知轶事

九九难关，十（誓）必克服

吕长春没有父母兄弟，是在育才学校长大的，学校就是他的家。

一天，陶行知看着他，满意地说：“长春，你长大了，我要请你做一件事情。”

“什么事？老夫子，快说。”

“我要请你去办一个农场，让你当场长，你干不干？”

长春听说是让自己去当场长，高兴得坐不住了，连忙说：“我去，当然去！”

“我们学校很困难，你去把农场办起来，秋后收了庄稼，也可解决我们的一点困难。我先谢谢你。”

长春打起背包去了小龙坎。这是一块不满二十亩的沙土场，遍地野草石块，旁边是座光秃秃的山，山上不时惊起一只只野鸟。长春倒吸一口冷气：这算什么农场，简直连树都种不活！

他开始闷头捡石块，将石块碎砖装进一只箩筐，装满了就拖到山下倒掉，再来捡。草丛中的小虫不时叮他，咬得身上起了一片红疹，太阳毒辣辣地晒着，他连水都没地方喝。

一个人闷头干了三天，干得头晕目眩，又不好意思找人商量。第四天，看看依然是荒草遍地，再也没有勇气干下去了，于是卷起铺盖回到了学校。

“老夫子，我干不了，还是让我回来当您的学生，您另请高明吧！”他垂头丧气地说。

陶行知站起来，不容分辩地说：“你非干到底不可！育才学校十字诀的第九、第十条是什么？”

“九九难关，十（誓）必克服。”

“你还记得！为什么做的时候就忘了？追求真理的人要以与患难搏斗为乐，困难给有志者以战斗之情绪与战胜之智慧……”

吕长春接着说："有了战斗之情绪与战胜之智慧，还必须有战斗到底之意志，才能克服大难，以至于成。陶先生，我错了。"

陶行知温和地说："你应该拿出实干的精神，翻书、访友，再自己去实践，更重要的是教大家同去做。哪有办农场是一个人闷头干的？再加一个'恒'字，我想你一定能成功！"

吕长春向陶行知告别，陶行知帮他拎着行李，送他到路口。十月金风吹着长春的脸颊，他觉得浑身暖洋洋。这位 17 岁的少年背着行装，带着陶行知的期望，走在重庆的山路上，走向了他的人生成功之路。

努力

陶行知

努力，努力，努力向前进，
努力向上进，先把脚步儿站稳，
再把方向儿认定。
一步一步地走，一步一步地近。
千万不要回过头来，
别人的闲话也不要听。
战胜困难全靠要自信。
努力，努力，创造个好命运，
自己的力量要尽。

点石成金

吕长春用他平凡的努力，不怕苦、不畏难，持之以恒地完成了农场的建设。细小的石子虽不显眼，却能铺出千里之路；平凡的努力虽不惊人，却能攀登万仞之峰。

抬头乐干

一次，陶行知到同乡张国良宿舍去玩，看见门上贴了一张纸，上面写着："日出而作，日入而息，埋头苦干，不怠不逸。"他默念几遍后说："你这四句话的意思，其他三句都很好，只有这第三句话，不好，要改！"

张国良觉得奇怪："这几句话意思都很好，且上下关联，我要尽量照着做，第三句还是成语，又不是我的发明，有什么不好？"

陶行知指着第三句说"给它改一个字就好了，把'苦'改为'乐'，如何？"

"这不是违反常规，又改了老辈传下来的成语了！"

"苦干一定干不好。干一件事以前，应了解为什么干，为谁干。明白了道理，即使在工作过程中遇到困难和挫折，也不会感到痛苦，反觉其中有乐趣。苦着脸干，只觉越干越苦，谁还会有信心干下去？"

张国良觉得有理，正要改，陶行知又说："将'埋'字改为'抬'字就更好了。人在社会之中，'两耳不闻窗外事'，事实上办不到，更何况埋着头瞎干、闷干、乱干，碰了壁也不知为什么，必走弯路，事倍而功半。学生读书，老师教书，从根本上说，不是为任何人，从小处说是为自己的健康发展，为了生存而努力。从大处看，是为服务祖国和人民而奋斗。目标明确，就会觉得自己所做的一切，再苦再累都是应负的责任；付出的每一分心力，都是通往幸福的铺路石。这样，就会觉得生活、工作劲头十足，充满了无穷的乐趣，一定能出色地完成各种任务，成为一个快乐的成功人士。只有抬起头来看清前面的路，搞明白为什么干，才能越干越起劲，事才能做成功。我提倡抬头乐干，千万不要埋头苦干。”

张国良接受了意见，重新写了“抬头乐干”贴在门上，陶行知拍着手笑：“你看，我们创造了一个成语了！”

点石成金

陶行知一生吃尽千辛万苦，为实现自己的理想奔波，可他从来没有觉得苦，反以为乐。我们要以“抬头乐干”的精神工作、生活，用自己的勤奋，去叩开成功的大门。

智慧启迪

勤奋就是坚持不懈，积极努力地学习和工作。认真做好每一件事情，不怕吃苦，踏实工作。

“学习必须如蜜蜂一样，采过许多花才能酿出蜜来，倘若叮在一处，所得就非常有限、枯燥了。”陶行知认为，青少年时期，精力旺盛，大量阅读许多作家写的各种内容的书，储存下丰富的知识，获得各种收获，则可终身受益不尽。

我们只有在学习上舍得花力气、下功夫，用辛勤劳动的汗水和智慧才能获得真才实学，才能浇开芳香的理想之花。“勤能补拙是良训，一分辛苦一分才。”勤奋也要讲求方法，方法适当方能事半功倍。学习过程中，我们总会碰到这样那样的困难，只有明确了学习的目的性，才会端正学习态度，学习的过程才不会感到苦，反以为乐。

知行合一

1. 请摘录有关勤奋的名人名言，谈谈这些名言给你的启示。

2. 召开一次“我勤奋，我成才”主题班会。

目的：培养自己积极的学习态度和良好的学习习惯，珍惜时间，勤奋学习。

要求：

（1）要以培养我们学生良好的学习习惯为出发点，解决学习过程中懒惰等问题。

（2）用体验游戏、情景故事、名言格言、小品欣赏等多种形式来设计主题班会。

3. 争当班级“勤奋乐学之星”。

评选条件：

（1）学习勤奋，独立思考能力强；

（2）上课认真听讲，发言积极，声音洪亮；

（3）按时、保质、保量地完成各科作业，字迹工整，不抄袭，考试不作弊；

（4）能掌握各门学科的基本知识和基本技能，每次考试成绩有进步；

（5）能主动帮助学习有困难的同学，共同提高。

对照以上条件，每天自我评价一次，每周小组评价一次，每月评选出班级的“勤奋乐学之星”予以表彰。

合作篇

大家的事大家做，大家谈，大家想，以发挥个人和集体的创造力。

——陶行知

行知轶事

小先生运动

1933年秋，新安小学里的7个小学生，自行组织了一个儿童旅行团跑到上海来，以团体的纪律约束个人的行动，靠卖书、演讲生活，居然十分成功。到上海时总共只有10元钱，离开上海的时候不减反增，倒有了60元钱。他们不仅出入于中小学校的课堂，甚至到大夏、光华、沪江等大学演讲。陶行知问一位大学教授，小孩讲得怎样？教授调侃道："几乎把我们的饭碗打破！"陶行知却把这话当真来听，听得喜不自胜。

余儿岗小学的做法也给陶行知以启示，那是在山海工学团开办前一个月，晓庄余儿岗的农民自己办了一个农村小学，该校从校长、教师到工人全都由少年儿童担任，他们自己教自己，故号以"儿童自动学校"。

知识链接

"单丝不成线，独木不成林。"

"人心齐，泰山移。"

"二人同心，其利断金。"

"儿童自动学校"的出现，令陶行知十分欣喜，他写诗赞道："有个学校真奇怪，小孩自动教小孩。七十二行皆先生，先生不在学如在。"

而诗中一句"小孩自动教小孩"原本是"大孩自动教小孩"。陶行知将诗寄给自动学校，学校的小朋友给他来了一封信表示感谢，又建议将"大"字改为"小"字，说："大孩能'自动'，小孩就不能'自动'吗？大孩能教小孩，小孩就不能教小孩吗？"这一问，使陶行知大惊于小孩的观察力与创造力；由衷佩服地口称："自动学校的小朋友，不是我的学生，乃是我的先生，我的一字师。"而且小朋友的诘问也使他深受启发，虽然他只将诗改作"小孩自动教小孩"，但在他的计划里，小先生的学生再也不仅仅限于小孩子，而也包括大孩乃至成人了。

1934年1月28日，纪念淞沪抗战二周年之际，陶行知在儿童工学团大会上，正式提出"小先生制"。小先生的意义固然在于提高知识的传播效率，通过一传十、十传百的几何方式加快教育普及的速度。其实更重要的以及实际效果恐怕还在于使儿童在教别人的同时巩固自己的知识，使儿童在思考如何让别人接受自己教育的同时锻炼自己的能力，与人沟通的能力，传授知识的能力。又因小先生施教的对象有许多是成年人，这种跨越年龄的交往对儿童的成长具有特别的意义，实际成了他们接触社会的实习。

点石成金

佘儿岗小学的孩子们“小孩自动教小孩”，孩子之间的互相学习和教导其实就是一种合作学习。在这样的学习模式中，每个学生都可以参与知识的交流和文化的传承。

和为贵

育才学校办了一年后，各组要开总结会。学校地下党支部准备一年的总结，以便向当时的八路军办事处和中共南方局书记周恩来汇报。

育才学校有地下党，也有国民党以及无党派人士，这么多人聚在一起，政治观点不同，百人百性，常因意见不合闹出矛盾。这次开会，一位思想极左的党员列举学校的种种缺点，其中牵涉到好几个老师，似乎只有他领导下的工作才是唯一正确的。他的话引起了许多人的不满，有人当场提出辞职，不愿再与他共事。有人拂袖而去，弄得气氛紧张。原本意见不合的人更吵得不可开交。

陶行知出席了这次会议，他听了此人的话，心里也很生气，立刻表示：“团结起来，我愿在此打头阵。如果有人搞分裂，我首先走。”会议不欢而散。周恩来知道后，斩钉截铁地说：“支部在那里，首先要搞好团结，要帮助陶先生办好学校，如果党员在那里闹不团结，要找支部书记，把支部书记调离。”学校这才恢复了团结的气氛。

陶行知最厌恶互相拆台的事，特地写下“和为贵”三个字贴在墙上。他规劝教师心胸要坦荡，待人要宽容，否则怎么教育学生？他常主动征求别人意见，如有人对他有误会，他并不辩解，只是说：“让时间来证明是非吧！”

为创造良好的学习、工作环境，他写诗贴在墙上：“你说我不好，我说你不好，锄头生了锈，田园长茅草。”

还有一首是：“几个人掌舵，几个人摇桨。有祸别人当，有福自己享。这个骂得毒，那个骂得响。拿把秤来秤一秤，一个是半斤，一个是八两。”

人在环境中，总要与周围的朋友、同事打交道。人无完人，金无足赤。宽以待人，求同存异，不仅能与人和谐相处，更是给自己一个好心情。如天天看不惯这个，抱怨那个，最大的伤害，其实只有自己。

知识链接

“礼之用，和为贵。”

“仁者爱人，有礼者敬人。爱人者，人恒爱之，敬人者，人恒敬之。”

点石成金

陶行知一生为办学操心和奔波，其身心交瘁的程度可想而知，而他总是慎思敏行，无怨无悔，并告诫大家一定要想法不发脾气，要忍耐，不讲不利于事业的话，不做不利于事业的事，有事大家多协商。

智慧启迪

合作不仅是一种积极向上的心态，更是一种智慧。合作就是个人与个人、群体与群体之间为达到共同目的，彼此相互配合的一种联合行动。

陶行知认为，在培养良好个体素质上需要学会做人、学会学习、学会共事、学会创造、学会强身的培养目标。其中“学会共事”显示了合作精神在人才素质中的重要性。

要发挥合作的最大功效首先得要求与合作伙伴的关系融洽。当别人的意见和自己的有严重分歧时一定要尊重他人的意见。同时还要具有分享精神，在合作中分享很重要，把自己的劳动成果与大家分享，把自己好的学习方法、技巧与大家分享。合作能使自己受益，也让别人受益。

知识链接

相互依存、同舟共济，彼此宽容、相互尊重；待人真诚、遵守承诺；相互帮助、互相关怀。

知行合一

1. 游戏“三只小猪”

童话故事中三只小猪互相合作建成了一个漂亮坚固的房子，并最终抵挡住了大灰狼的袭击。

游戏规则和程序：

（1）班级同学分成 3 组，保证每组为 5 人左右。

（2）发给第一组一条 20 米的绳子，第二组一条 18 米的绳子，第三组一条 12 米的绳子。

（3）用眼罩把所有人的眼睛蒙上，然后规定第一组圈出一个正方形，第二组围成一个三角形，第三组圈成一个圆形。

（4）然后让大家联合起来用绳子建立一个绳房子，房子的形状要由上述三个图形组成，并且一定要看上去比较漂亮。

游戏感悟：游戏完成后请同学们谈谈体会。兄弟同心，其利断金，讲的就是大家一致对外、团结合作、终成正果的道理。

2. 请以小组为单位，制作一个以“团结、合作”为主题的班会多媒体演示文稿。

要求：

（1）主题明确；

（2）清晰易读（配色、字体）；

（3）设计风格符合主题。

3. 体验阳光体育运动项目“两人三足”，并请同学结合自己参与游戏的感受对自己在游戏中的表现进行自我评价。

我的表现：

____

____

____

____

感受体会：

____

____

____

____

自我评价：

____

____

____

____

求知篇

书呆子是读死书，死读书，读书死。工呆子是做死工，死做工，做工死。钱呆子是赚死钱，死赚钱，赚钱死。

——陶行知

行知轶事

读活书

陶行知常问：“什么是活书？”大家回答不出。他说：“活书是活的知识之宝库。花草是活书，树木是活书，飞禽走兽、山川湖海、风霜雨雪、天体运行都是活书。活的人、活的问题、活的文化、活的宇宙、活的世界、活的变化……都是活的书。”

活的书只可以活用而不能死读。如学地理这门学科，你光在课堂上看地图、背书，只怕再读得滚瓜烂熟，也不是真知识。如迈开脚出去走走，行万里路，路上不仅有好风景，所见所闻积累的知识成立体的，不仅记得牢，还能变化多端，产生许多活知识。死读书是读书的态度、方法死板，只会死记硬背，不会灵活运用。读得越多，越钻进死胡同里去，结果人读得呆头呆脑，有的把身体也读垮了。

> 问到底
>
> 陶行知
>
> 天地是闷葫芦。闷葫芦里有妙理。
> 你不问它你怕它，它一被问它怕你。
> 你若愿意问问看，一问直须问到底。

这样读书绝对没有出路。读书要活读，即不仅读书本知识，还要读生活、社会这本大书；更要活用，要学会跳出书本来读书，拜天地万物为师，用心读，用脑记。比如武松打虎，他在景阳岗遇到老虎，是生活给他出了难题，如他是个书呆子，他就只能被老虎吃了。但武松是个英雄，他在生活中磨成了勇敢、豪气的性格，见到老虎他没有逃，而是出击，拼死斗。老虎就是一本活书，以血肉之躯与老虎斗，便是读了活书，懂得这样的生存之道——不是人打死虎，就是虎吃掉人。武松打死了虎，不仅留住了自己的性命，还成了打虎英雄。这样的例子俯拾皆是。比如航海，如在学校里对着书本学罗盘、驾驶，只怕学十年八年也成不了好水手。只有上了船，在风浪中学会看日月星辰，了解潮起潮落，才能成为真正的行家，这才是读活书。活读了书，然后用活书去实验、去尝试、去生产、去建设、去革命，用活书去树立心中的理想，去创造一个可爱可敬的社会。大家都活读书，就会有一个活的社会。在活的社会里，众生各得其所，人人欣欣向荣地活起来，这是读书的理想结果。

点石成金

陶行知先生要大家学以致用，把书读活，是为了运用知识去指导实践。以用促学，学用相长，就会收到事半功倍的效果。

要又学又问

刘文苇是重庆的青年诗人，有一天他把自己采集后编的川江号子唱给陶行知听，陶先生听了高兴地说：“好，是劳动者的号子！”他立刻喜欢上了这个年轻人，把刘文苇请来做“育才之友”，半工半读。

小刘很年轻，学习兴趣很高且爱好广泛。在这所新型学校里，他感到什么都新鲜，样样都想学想问。陶先生工作很忙，他为筹款办学日夜在外奔波，平时住在重庆管家巷，好不容易回学校一次，要处理的事很多，要见的人也很多。小刘总是见缝插针，一有机会就向陶先生请教，有时陶先生处理完了所有的事，已到了深夜，小刘还坐在旁边等，陶先生不顾劳累总是耐心地回答。有几次，为了弄懂一个问题，陶行知和他在灯下翻书一起寻找答案，还争论起来，害得陶先生不能休息。

每事问

陶行知

发明千千万，起点是一问。
禽兽不如人，过在不会问。
智者问的巧，愚者问的笨。
人力胜天工，只在每事问。

有人责备小刘太不懂事，陶先生为此向别人解释：“小刘以前没有上学机会，现在他在这儿读书，有机会在老师指点下学习，他珍惜这机会。大家要鼓励他才对。”陶先生鼓励小刘：“有问题尽管来问，做学问就是应该要学要问，光学不问只是一半，光问不学，也只是一半。又学又问，才是完整的学问。好比一个人，不能光有右手右脚，也不能光有左手左脚，要左右配合才是完整的人。”小刘得到很大启发，他不但努力学习，而且仍然一有机会就向陶先生请教，还经常向别人提问，每天看书、记笔记至深夜。他进步飞快，后来成为我国有名的诗人。

点石成金

刘文苇在陶行知的鼓励下边学边问，一有机会就向陶先生请教，还经常向别人提问，后来成为我国有名的诗人。学贵有疑，善于提出问题或发现问题是自主学习与主动探求知识的生动表现。

智慧启迪

求知是探求知识、学习新知识的过程。君子之学必好问，问与学，相辅而行者也。非学，无以致疑；非问，无以广识。

陶行知认为，行是知之始，知是行之成。书里有真知识和伪知识，读它一辈子，不能辨别它的真伪；可是用它一下，书的本来面目便显了出来，真的便用得出去，伪的便用不出去。

我们要把书读活，把我们学习到的东西运用到生活的方方面面。当步入社会之后，我们所学到的东西也将随之而步入生活之中，运用于生活之中，因此，知识是我们一辈子的财富。只有不断地总结前人的经验为己所用，灵活运用，多向思维，才能真正地利用知识为自己服务，为别人服务。我们要去创造性地学习，保护和满足我们的好奇心和求知欲，捕捉我们“智慧的火花”与灵感。

知行合一

1. 推荐一本你喜爱的书，并说说喜爱的理由。

从 1995 年起，联合国教科文组织将每年的 4 月 23 日定为“世界读书日”，希望以此鼓励世人特别是年轻人从阅读中得到快乐，从而提升民众的文明素质、精神和境界。

你推荐的书：

____

你的理由：

____

____

____

____

____

____

____

____

2. 请同学们一起收集“勤学多问”的故事和名言，编制成一份小报，在班级“学习园地”内展示。

小报参考格式：

3. 为自己假期制定一个旅游规划。

清代钱泳的《履园丛话》中说：“读万卷书，行万里路，二者不可偏废。”古人都把“读万卷书，行万里路”作为一种境界，一种追求。“读万卷书”是指要努力读书，全面吸收书本知识，使自己具有渊博、扎实的文化素养；“行万里路”，是指必须广泛了解、认识和接触社会，并把书本知识应用于社会实践。读书和旅行，都是认识世界的方法，是求知必不可少的两个方面，请同学们据此为自己假期制定一个专属旅游规划。

提示：

（1）打算去哪里？为什么？

（2）打算什么时候出发？怎么去？

（3）去之前要做哪些准备工作？

（4）想在那里游玩几天？

（5）准备在那里做些什么？

解放篇 | 探索篇
创新篇 | 自立篇

创造

解放篇

要解放孩子的头脑、双手、脚、空间、时间，使他们充分得到自由的生活，从自由的生活中得到真正的教育。

——陶行知

行知轶事

一次别开生面的演讲

陶行知善于演讲，他的语言幽默风趣、生动形象，谁听了都会被他深深吸引，为他演讲中强大的逻辑力量所折服。在他一生无数次的演讲中，有一次别开生面的演讲，更是令人拍案叫绝，直到今天仍然令人回味无穷。

陶行知在1938年到武汉大学作了一次演讲。那一天，大礼堂里挤得满满的，不仅全校师生都来听，连附近学校的师生和各界人士都闻讯赶来。他们都知道，陶行知先生是著名的教育家，都想来一睹他的风采，并听他说些什么。

活的教育
陶行知
静默如地下的种子，
自由如空中的鸽子，
猛勇如斗虎的狮子。

会议开始后，有几位先生先后上台作了演讲。轮到陶行知时，会场上响起了一阵热烈的掌声。只见他不慌不忙地夹着一个皮包走上了讲台。他戴着眼镜，穿着西服，未曾开口，先向全场扫视了一遍。大家屏息凝神，都望着他，等他开口说话。有的人还打开速记本，准备把陶行知讲的每一句话都记下来。

出乎大家意料的是，陶行知并没有讲话。他从包里抓出一只活蹦乱跳的大公鸡，公鸡喔喔地乱叫。台下听众一个个目瞪口呆，不知他葫芦里卖的什么药。只见陶行知从口袋里掏出一把米，放在桌上。他左手按住鸡的头，逼它吃米，鸡直叫不吃。陶行知又掰开鸡的嘴，把米硬塞进去，鸡挣扎着仍不肯吃。接着，陶行知轻轻松开手，把鸡放在桌子上，自己后退了几步。只见大公鸡抖了抖翅膀，伸头四处张望了一下，便从容地低下头吃起米来。

这时，陶行知说话了："各位，你们都看到了吧。你逼鸡吃米，或者把米硬塞到它的嘴里，它都不肯吃。但是，如果你换一种方式，让它自由自在，它就会主动地自己去吃米。"

陶行知又向会场扫视了一圈，加重语气说："我认为，教育就跟喂鸡一样，先生强迫学生去学习，把知识硬灌给他们，他们是不情愿学的，即使去学也是食而不化，过不了多久，他还会把知识还给先生的。

但是，如果让学生主动去学习，充分发挥他的主观能动性，那么，效果一定会好得多！”

陶行知讲完，把公鸡装进皮包，又向大家鞠了一躬，说：“我的话讲完了。”便退下场去了。

听众们一时还没有反应过来。但只是过了一会儿，会场上便爆发出雷鸣般的掌声。很多人边鼓掌边喊：“好！陶先生讲得好！讲得好！”

点石成金

生动有趣的“大公鸡吃米”的实例告诉我们学习不应该强行灌输，应充分发挥自由，学会解放自己的头脑、双手、空间……激发我们学习的主观能动性，促进进一步的发展！

人才、大才和天才

当时，育才学校招收的学生 95% 以上都是战灾流浪儿童，他们虽然离开了故乡、失去了父母，但是他们都是一群天真活泼、富有聪明才智的孩子，他们都各有自己的爱好和特长，有的爱演戏，有的善唱歌，有的喜爱科研，有的乐于写作。日本帝国主义的侵略，剥夺了这些孩子发挥自己才能的机会。

陶行知把他们招收进育才学校后，在“因材施教”和“爱”的教育下，经过了一两年的学习和训练，他们的才华就明显地表现出来了：音乐组的孩子非但善弹奏、能演唱、会作曲，还能经常为老百姓表演或到大剧院去举行音乐会；戏剧组、舞蹈组的孩子，非但能演戏、跳舞，而且还能自编、自导、自演，用精彩的戏剧与舞蹈反映出抗日的形势；绘画组的孩子们竟能在重庆城市里举办儿童抗敌画展，这是多么了不起呀！

周恩来同志称赞这些孩子们说：“一代胜似一代。”冯玉祥将军为这些孩子的成长鼓掌。但是，也有那么一些因循守旧、自己不愿进行教育改革的“学者”们，却在那里阴阳怪气地非议陶行知，说什么：“陶行知丢掉了普及教育来搞‘天才教育’了。”

陶行知并没有因为这些非议而动摇了他“为今天培育抗日的人才，为明天培育建国的人才”的决心。他一心为国育才，因此他理直气壮地对这些“非议者”给予了答复，他说：“我不是办天才教育，我办的是人才教育。”

“按照每个学生的特长、才能、爱好，对他们提出一定的要求，加以定向培养，进行因材施教。这些‘人才’在正确指导下经过‘一’番努力，就转化成‘大才’（‘人’字上加一横就成‘大’字）。对‘大才’再进行深入的诱导，学生们自己再出‘一’身力，流‘一’身汗，‘一’定时间之后，‘大才’也就成为‘天才’了（‘大’字上加一横就成‘天’字）。真正的天才是师生经过共同的教学实践活动、不间断的乐教乐学而培养出来的。若能为国家、为人民培养几个‘天才’又有什么不好呢？”看！陶行知回答得多好呀！

点石成金

陶行知对于培养天才的解释告诉我们天才决不是天生而成的，得当的培养和引导，社会的关心、适宜的环境，再加上自己的不断努力，都可以成为天才！

智慧启迪

何谓解放呢？解放即为解除束缚，得到自由发展，冲破传统的束缚，把思想从旧的条条框框中解脱出来。

陶行知曾经说过：“培养教育人和种花木一样，首先要认识花木的特点，区别不同情况给以施肥、浇水和培养教育！”如何发挥积极、主动的精神，挖掘和调动内在潜能，实现自己有个性的全面发展，努力使自己成为学习的主人呢？

1. 可以展开想象的翅膀，将自己的头脑从迷信、成见、曲解中解放出来，发挥创新的潜能。可以想说就说，能发表独立见解，提倡标新立异。

2. 到大自然，到社会中去扩大视野。大自然是最好的老师，它包罗万象，奥秘无穷。学生到大自然中去感受、去体验、去探寻，到社会中去磨炼、去实践，是一条极好的丰富知识、开阔视野的途径。

3. 观察力是创造的起点，是聪明大脑的“眼睛”。首先要有明确的观察目的，观察到底，不要轻易转移目标；第二要有顺序、有步骤地观察，如从上到下、从左到右、从外到里等；第三，要从多角度观察事物；第四，注重同一事物、不同事物的比较，提高观察能力。

4. 培养自己的动手能力，不仅要学会已有的知识，而且要学会动手搜集、加工信息，消化、吸收知识，形成品格、道德。开阔视野、增长见识，将知识转化为基本素养和实践能力。

知识链接

著名教育家陶行知提出了“六大解放”，概括性地指出创新的前提是要解放人。

1. 解放小孩子的头脑：把儿童的头脑从迷信、成见、曲解、幻想中解放出来。大胆地想象，大胆地思考，大胆地创造；

2. 解放小孩子的双手：让儿童的双手在大脑的指挥下大胆地去干，大胆地动手，大胆地创造；

3. 解放小孩子的嘴：让儿童大胆地讲，大胆地提问；

4. 解放小孩子的空间：让小孩从教室中、从校园中解放出来，在大社会、大自然、大森林中，扩大认识的眼界，以发挥内在之创造力；

5. 解放儿童的时间：让儿童有自己的时间去创造；

6. 解放儿童的眼睛：让儿童自己观察自然，观察社会，培养自己的观察力。

知行合一

1. 你能回答吗？（请简要说明）

（1）你是如何理解陶行知说的“我不是办天才教育，我办的是人才教育”这句话的？

（2）“人才、大才和天才”它们之间是什么关系？

（3）如何从“人才”变为“大才”最终成为“天才”，它们之间的转化需要些什么？

2. “人人出彩”交流展示活动

进行个人才艺展示

展示项目：初步定为六项，学生可根据实际情况任选几项进行展示，分别为声乐、器乐、舞蹈、语言表演、武术、其他。

展示时间：个人展示时间不超过 5 分钟。

才艺展示项目评比

分小组进行评分，班级评选出一等奖 1 名，二等奖 3 名，三等奖 5 名，并颁发才艺奖状。

获奖感言

请获奖者谈谈是如何培养自己的才艺的？今后将如何进一步发展自己的才艺？

我的获奖感言

____

____

____

____

3. 计划书：在成才的道路上，我的行动计划（说明：可以从分析自身特点、发挥自身优势、具体行动的落实等方面来谈一谈，字数控制在 300 字左右）

我的行动计划

____

____

____

____

____

探索篇

手和脑在一块儿干，是创造教育的开始；手脑双全，是创造教育的目的。

——陶行知

行知轶事

活的生物课

晓庄一带草丛里蛇很多，经常有人被咬伤，不仅农民怕蛇，师生们也怕蛇，迷信的人还说是“蛇娘娘”作怪，碰不得的呢。

晓庄学校的生物指导员姚文采找到陶行知：“我想要进行一次蛇的教学，让大家会辨别有毒无毒的蛇，懂得预防和救治的方法，打破恐惧和迷信的心理，你看怎样？”

陶先生很赞同：“好的。我想，师范生将来出去都要到乡村办学，乡村蛇多，怕蛇是不行的。我们不仅要教给师范生蛇的知识，还要让他们学会捉蛇的本领。文采，你试试看吧！”

姚文采专程到夫子庙请了两位“蛇花子”来给大家上课。“蛇花子”把师生带到山里，只见他们仔细地观察草丛，一发现动静，飞快地扑上去用手按住“七寸”，然后一手抓住蛇尾，拎起来用力摔几下，没有几分钟，刚才还吐着血红舌头、狰狞可怕的蛇就散了架，成了软绵绵的一根绳子。反复几次以后，胆大的学生开始跟着学捉蛇，石俊同学学得很快，一个人就抓了几条蛇。原来，只要击中要害，蛇并没有什么可怕的。

大家把捉的蛇带回学校，“蛇花子”又接着讲了毒蛇和无毒蛇的区别，讲了常见蛇的种类，什么青竹蛇、火赤链、眼镜蛇、蟒蛇、水蛇等，还讲了被毒蛇咬伤后怎样自救和急救，用哪些药来防治等。

许多人对这十分有兴趣，提出不少问题：

“蛇没有脚，为什么跑得那么快？”

“蛇没有耳朵，怎么听得见声音？”

“蛇怎么能吞得下大老鼠呢？”

“蛇怎么生小蛇呢？”

……

“蛇花子”抱歉地说：“这些我们就说不清楚了，还是请教你们的先生吧。”

姚文采忙叫大家安静下来："刚才提的问题都很好，以后我们一起来研究解决。关于'蛇'的学问还真不少呢！"

以后，他们又上山捉了好几十条蛇，并分别放在笼子里，写上名称、特点、有没有毒和被蛇咬伤后的防治方法，还举办了"蛇展"，供大家参观。

来看"蛇展"的农民很多，他们问："蛇是不是神怪？有没有'白蛇娘娘'？看见两头蛇会不会倒霉？"师范生都作了回答。石俊同学还把蛇围在脖子上，缠在腰里戏耍，解除人们对蛇的恐惧心理，既破除了迷信，又普及了科学知识。

点石成金

陶行知带领学生们走进自然，捉蛇、了解蛇的种类和特点；学会伤后如何自救和急救并开展蛇的展览等活动，告诉我们应该走出课堂，走向自然，学会积极探索，在探索的过程中学会破除迷信，普及科学知识，增长才干。

拆表的故事

有一天，一位朋友的夫人来看陶行知先生。陶先生热情地让她坐下，又倒了一杯茶给她，问道："怎么不带儿子一起来玩？"

这位夫人有点气乎乎地说:"别提了,一提就叫我生气。今天我把他结结实实打了一顿。"

陶先生惊异地问："这是为什么？你儿子很聪明，蛮可爱的哩！"

朋友的夫人取出一个纸包，里面被拆得乱七八糟的一块手表。这表成色还很新，镀金的表壳打开了，玻璃破碎，连秒针也掉了下来。她生气地说："陶先生，这表是才买的，竟被我儿子拆成这样，您说可气不可气！他才七八岁，就敢拆表，将来大了恐怕连房子都敢拆呢！所以我打了他一顿。"

陶先生听了笑笑说："坏了，恐怕中国的爱迪生被你枪毙了！"

夫人有点愕然："为什么呢？难道我这样做不对吗？"

陶先生摇摇头。

夫人又接着问："陶先生，您是大教育家，您说对这样的孩子该怎么办呢？"

陶先生把拆坏的表拿过来，对夫人说："走，我们上你家去，见见这个小'爱迪生'。"

到了朋友家里，陶先生见到那个孩子正蹲在院子的大树下，聚精会神地看蚂蚁搬家。夫人一见又来了气，正要骂他，陶先生立即劝住了。

陶先生把孩子搀起来，搂在怀里，笑嘻嘻地问："你为什么要把妈妈的新表拆开来呢？能告诉我吗？"

孩子怯生生地望了妈妈一眼，低声说："我听见表里的嘀嗒嘀嗒的声音，想拆开看看是什么东西在响。我错了，不该把手表拆坏，惹妈妈生气。"

陶先生说："想拆开看看是什么东西在响，这没有错。但你要跟大人说一声，不能自作主张。来，你跟我一起到钟表店去好吗？"

孩子又望望妈妈，说："去店里干什么？"

陶先生说："去看师傅修表啊，看他怎么拆，又怎么修，怎么装配，你不喜欢吗？"

孩子高兴得跳起来："我去！我去！"

陶先生拿着那只坏表，带着孩子一起到了一家钟表店。修表师傅看了看坏表，说要一元六角修理费。

陶先生说："价钱依你，但我带着孩子看你修，让他长长知识。"师傅同意了。

陶行知和孩子站在旁边，满怀兴趣地看师傅修表。看他怎样拆开，把零件一个个浸在药水里；又看他加油后，把一个个零件装配起来。从头到尾，整整看了一个多小时。全部装好后，师傅上了发条，表重新发出清晰的嘀嗒声。孩子高兴地欢叫起来："响了，响了，表修好了！"

陶先生临走又花一元钱买了一只旧钟，送给孩子带回去拆装。孩子连声说："谢谢伯伯！谢谢伯伯！伯伯真好！"

陶先生把孩子送到家后，孩子立即跳呀蹦地跟妈妈说："妈妈，伯伯买了一只钟，让我学习拆装呢！"

那位朋友的夫人不解地问："还让他拆啊？"

陶行知笑笑说："你不是问我对这样的孩子该怎么办吗？我的办法是，把孩子和表一起送到钟表铺，请钟表师傅修理。这样修表铺成了课堂，修表匠成了先生，令郎成了速成学生，修理费成了学费，你的孩子好奇心就可得到满足，或者他还可以学会修理咧。"

陶先生停顿了一下，接着说："孩子拆表是因为好奇心，孩子的好奇心其实就是一种求知欲，原是有出息的表现。你打了他，不是把他的求知欲打掉了吗？与其不分青红皂白地打一顿，不如引导他去把事情做好，培养他的兴趣。中国对于小孩子一直是不许动手，动手就要打手心，往往因此摧残了儿童的创造力。我们应该学习爱迪生的母亲，那么理解、宽容孩子，那么善于鼓励孩子去动手动脑，这样，更多的'爱迪生'们就不会被打跑、赶走了。"

夫人听了恍然大悟，她不好意思地笑了一下，诚恳地说："陶先生，您说得对，太谢谢您了，我今后一定照您的办法去做。"

点石成金

孩子们在探索世界的过程中，也许会遇到一些问题，正是需要宽广的胸襟容纳、欣赏的眼光支持，用正确的方式方法引导，孩子们才会获得尊重和信任，同时学会提升探索兴趣，增强自信心，成为具有探索精神的孩子！

智慧启迪

探索是指在教师的启发诱导下，以学生独立自主学习和合作讨论为前提，以学生周围世界和生活实际为参照对象，调动学生积极性，开发学生的智力，发展学生的创造性思维，培养自学能力，力图通过自我探究引导学生学会学习和掌握科学方法，使学生能做到自己发现问题、提出问题、分析问题、解决问题，从而获取知识、发展能力的教学与学习活动。

陶行知生活教育的思想强调了教育中切实尊重学生的心理和生理的特点，在方法上更加注重运用启迪、探究的学习方法，将课堂教学搬到自然中去、搬到社会中去，并学会手脑并用。用陶行知的话来说："中国教育之通病是教用脑的人不用手，不教用手的人用脑，所以一无所能。中国教育革命的对策是手脑联盟，结果是手与脑的力量都可以大到不可思议。"

中学生在探索活动中可以从以下几方面提升自我的探索精神：

善于发现

要有一双善于发现问题的眼睛，学会多观察周围世界，对于遇到的问题可以提出自己的质疑和猜想，包括生活经验也是重要的资源。发现和提出问题可以呈现多样性，自主确定探索主题。

大胆实践

可以围绕探索主题制定周密可行的计划。计划要有明确的目标、时间、地点，还要包括适当的资料收集方法、工具材料的准备、特殊情况的应对等。可以以小组为单位，小组成员各自履行自己的职责并进行汇总。通过到图书馆查找资料，参观访问、实地考察、实验验证等活动开展实践探索。

勤于总结

通过前期的实践活动后整理分析搜集的资料，验证自己的假设，提出自己的观点或结论。如果遇到新的问题可以结合问题进行再次的相关研究，以便得出更符合客观事实的结论。

乐于交流

可通过撰写探索报告、主题演讲、小品表演、辩论会等形式，将自己的探索成果进行展示。学生通过展示自己在整个过程中的所思所得，体验探索的快乐，分享收获的喜悦。

知行合一

1. 收集 1—2 个探索发明的小故事，在相关主题队会上进行交流。

2. 我的探索之旅

（1）我理解的探索是：________________

探索需要具备：________________

（2）请以小组为单位，开展一次探索活动：

探索主题	划分小组	行动计划	实施方案	整理总结

3. “探索活动我最棒”

（1）小组交流探索心得；

（2）评选出此次探索活动的“最佳组织奖”“最佳创意奖”“最佳智慧奖”并进行表彰；

（3）将此次探索活动进行总结并制作成小报布置于班级文化园地中。

创新篇

我们要以生活为中心的教学做指导，不要以文字为中心的教科书。

——陶行知

行知轶事

拜人民为老师

早在办晓庄师范学校的时候，陶行知就提出了“生活即教育”“社会即学校”和“教学做合一”等理论，教导师生们与劳动人民相结合，“教人民进步者，拜人民为老师”。

山海工学团刚成立的时候，农民的孩子有了读书的地方，烧香拜佛的红庙成了教室，可是没有孩子们用的桌椅。上课的时候，同学们带来自己的凳子，有大有小，高低不一。一星期以后，学校请来了木匠师傅，他闷着头做凳子，一天能做好几个。

陶行知走过来，看见木匠师傅满身是汗，就递给他一杯水，说：“我们不是请你来做凳子的。”

木匠疑惑地望着陶行知：“那叫我来做什么？”

“我们是请你来做‘先生’的。”

“我可不识字。”木匠慌了。

陶行知笑着说：“我是请你来指导学生做木工的。你如果教会一个人，就可得一份工钱。如果一个也没教会，那么就算你把凳子全做好了，还是一文工钱也得不到。”木匠显出为难的样子。陶行知亲切地说：“不要紧，你不识字我们教你。我们不会做木工，拜你为先生。我第一个向你学。”说着，陶行知拿起一把锯，对准木板上划好的线就“吭哧”“吭哧”地锯起来。

第二天，广场上摆着木匠工具，老师带着孩子们来学做凳子。有个小朋友嘟囔着：“我们是来读书的，不是来做木匠的。”一个大人看见孩子拿起工具，不小心就很容易弄破手，也皱起眉直摇头。这时，陶行知笑着说：“我有一首诗读给大家听听：‘人生两个宝，双手与大脑。用脑不用手，快要被打倒。用手不用脑，饭也吃不饱。手脑都会用，才算是开天辟地的大好佬。’你们看写得如何？”小朋友都拍手说好，那个大人也不好意思地笑了。

从此，每天孩子们都学做凳子，他们也当“小先生”，教木匠师傅认字。3个月后的一天，教室里的 50 个孩子，都坐着自己做的凳子。讲台上还有孩子们自己制作的杠杆、滑车等玩具和仪器。家长们挤在窗口、门外，信服地点头叫好。陶行知在讲台前，念起了一首刚写好的诗："他是木匠，我是先生。先生学木匠，木匠学先生，哼哼哼，我哼成了先生木匠，哼哼哼，他哼成了木匠先生。"孩子们看看坐在他们身边一起听课的木匠，大家都笑了。

点石成金

学会走进生活，把生活请进课堂，让生活与课堂有机融合在一起，从亲身体验的生活中获取和掌握知识，学会如何发现、如何学习、如何创新，悟出生活的真谛！

"新安旅行团"的故事

1933 年的一天，上海大厦大学校园内，一群群大学生正向着大礼堂走去。他们三三两两地议论着今天将要举行的报告会："听说是一些小孩子来演讲。""是的，叫'新安旅行团'，听说是苏北淮安新安小学的学生，大的十五六岁，小的才十二岁。""小孩子来跟我们讲课，能讲什么呢？不是开开玩笑吧！""去听听吧，听了再下结论嘛！"大学生们向礼堂走去，带着好奇、怀疑。

会场里渐渐坐满了人。讲台上出现了一位戴眼镜的先生，中等身材，穿着学生装。有人认出来了："是陶行知先生。"陶先生开始讲话："诸位都是大学生，也许会说，叫你们听小孩子讲课，真是笑话。这七个小孩子从淮安一路演讲到上海。'没有父母带，先生也不在'，靠演讲旅行，作抗日宣传。这个儿童旅行团的价值，是新时代之无价宝，如果一定要定个价值，或者姑且定为万万万万金元吧。这样伟大的宝藏，世界上谁也没有，都为新安小朋友所得。而'新安'不敢占为私有，愿公诸天下后世。讲得如何，请大家一试。"不同凡响的开场白，激起了会场上的一片掌声。

小玉站在讲台前，他穿着洗得干干净净的粗布衣服，圆圆的小脸因紧张而涨得通红，两手十个手指下意识地搓来搓去。陶先生轻轻地拍了他一下，在他耳畔说了几句话，就走下台去了。小玉定了定神，开始讲起来："我的老家在凤阳，凤阳是个穷地方，十年倒有九年荒。妈妈生了八个孩子，死了六个，只剩下我和姐姐。爹爹被抓去当壮丁，活活折磨死了。妈妈活不下去，流着眼泪把姐姐卖给了人贩子……"孩子的脸颊上滚动着泪珠，他抽泣了一下，悲愤地接着说："我们为什么这样穷，为什么这样苦？我们曾经问爷爷奶奶，我们曾经问爸爸妈妈，他们的回答是：我们命苦啊！可是，学校的老师告诉我们：根本就不是什么命苦，是我们的国家太落后，外有列强，内有国贼，生产落后，经济衰败，这一切是帝国主义、反动派造成的啊！"

清脆的童声震动了每个大学生的心，一些人激动地站了起来，大声附和：“说得好！”会场上爆发出雷鸣般的掌声。

接着，另一个孩子小林走上讲台：“爷爷奶奶，叔叔阿姨，大哥哥大姐姐们！我们国家落后，列强就要欺侮。日本帝国主义就侵占了我们的东三省，苦难的中国人民身上又加上了侵略者的铁蹄，这样的痛苦我们还能忍受吗？有良知的中国人是决不愿意做亡国奴的，大家一致起来，要反抗万恶的侵略者，要用我们的血肉筑成一道新的长城！”全场爆发出更加热烈的掌声，有人带头高呼：“打倒侵略者！”“团结抗日，一致对外！”

陶行知先生走上台，把孩子们抱在一起，连声说：“讲得好！讲得好！”他带着孩子们走下讲台，问身边的一位教授：“小孩子讲得如何？”教授风趣地说：“讲得比我们好，几乎把教授的饭碗打破！”陶先生哈哈大笑说：“小孩子能教大学生，几乎把教授的饭碗打破，这虽然是千古奇闻，但却是事实啊！”

陶行知接连几天安排新安旅行团的孩子们去中小学演讲，去光华、沪江、震旦大学演讲，所到之处，无不引轰动。陶行知逢人就说：“在这些小孩子的铁证之下，时代是分成了两个：一个是瞧不起穷光蛋和小孩子的时代，那已永远成为过去；一个是新时代，穷光蛋和小孩子有不可低估的力量。”他特意写诗称赞：“一群小光棍，数数是七根。小的十二岁，大的未结婚。没有父母带，先生也不在。谁说小孩小，划分新时代。”

在陶行知先生的鼓励下，淮安新安小学在 1935 年又第二次组织了“新安旅行团”，在抗日的大后方，宣传抗日，宣传爱国，走遍了全国十几个省市，行程五万里，足迹遍及城市、农村、草原、边疆，被人们称为“民族的小号手”。

点石成金

教师要有创新精神，学生同样要具备创新精神。陶行知的大胆创新，让小学生做教授的“工作”，打破了教学的常规，充分挖掘了孩子们的潜能，孩子们必能在舞台上大放光芒！

智慧启迪

创新是一个民族生生不息的活力，是一个民族文化中的精髓。实施创新教育，其目标是培养创新型人才，其内容则体现为三大要素：创新精神、创新思维、创新能力。其中，创新精神是基础，创新能力是中心，创新思维是关键。

陶行知先生曾说过要：“敢探未发明的新理”“敢入未开化的边疆”。这也是陶行知先生对创新精神的精辟的论述。他以实践为中心，以发挥人的主体性、创造性为动力，始终把社会、生活看作一个整体，把人的一生看作是一个整体，使教育与生活，也即教育与实践看作是一个开放的、活的过程，创造与“四通八达社会”相适应的“四通八达的教育”，创造“真善美活人”。他立足生命教育的高度，培养学生主体多方面的能力和素质，使学校教育真正成为培养“活人”的教育，激发了生命的创造潜能。

善于创新的人具有下列素质特征：

1. 在认识能力方面：

（1）观察力强，具有强烈持久的好奇心；

（2）概念明确，思维清晰；

（3）富有想象力，直觉性强；

（4）喜欢复杂性，追求合理性，爱好研究事物之间的关系；

（5）思路灵活，善于分析，擅长解决问题；

（6）实验动手能力强。

2. 在个性方面：

（1）思想集中、投入；

（2）善于质疑，刨根问底，对问题具有敏感性；

（3）不因循守旧，不循规蹈矩，不愿沿袭传统；

（4）自主性强，自律性强，独立性强；

（5）风格独特，常有不一般的见解；

（6）进取心强，有成就感；

（7）喜欢冒险，喜欢挑战；

（8）坚忍不拔，乐观，不易沮丧和悲观；

（9）肯钻研；

（10）喜欢幻想，喜欢提建议。

知识链接

“少年爱迪生”活动

大型青少年科学梦想秀“少年爱迪生”吸引了来自世界17个国家与地区数千名小发明家的热情参与。秀出的作品涵盖物理、化学、电子工程、生命科学等多个学科。

“少年爱迪生”这档节目不同于一般的真人秀，也不是传统的科普教育节目。而是给一群热爱创造发明的“未来科学家”们一个展示的舞台，让他们的梦想得以绽放。

“少年爱迪生”节目进入第三季，共有超过2 200位小发明家参加节目海选。从2014年开始，新闻综合频道每年开辟黄金时间播出这样一档正能量的节目，为上海创建全球科创中心带来未来创新基因。节目不仅取得了良好的收视，也在网络上吸引了大量年轻人群参与，网络参与人数达到2 000多万人，“少年爱迪生”微信公众号的活跃粉丝业已超过130 000人。

知行合一

1. 创新思维能力测试

下面是10个题目，如果符合你的情况，则回答“是”，不符合则回答“否”，拿不准则回答“不确定”，将结果填入下表。

（1）你认为那些使用古怪和生僻词语的作家，纯粹是为了炫耀。

（2）无论什么问题，要让你产生兴趣，总比让别人产生兴趣要困难得多。

（3）对那些经常做没把握事情的人，你不看好他们。

（4）你常常凭直觉来判断问题的正确与错误。

（5）你善于分析问题，但不擅长对分析结果进行综合、提炼。

（6）你审美能力较强。

（7）你的兴趣在于不断提出新的建议，而不在于说服别人去接受这些建议。

（8）你喜欢那些一门心思埋头苦干的人。

（9）你不喜欢提那些显得无知的问题。

（10）你做事总是有的放矢，不盲目行事。

题号	是	不确定	否	得分	题号	是	不确定	否	得分
(1)	-1	0	2		(6)	3	0	-1	
(2)	0	1	4		(7)	2	1	0	
(3)	0	1	2		(8)	0	1	2	
(4)	4	0	-2		(9)	0	1	3	
(5)	-1	0	2		(10)	0	1	2	

评价说明：

得分 22 分以上，则说明被测试者有较高的创造思维能力；

得分 21 ～ 11 分，则说明被测试者善于在创造性与习惯做法之间找出均衡，具有一定的创新意识；

得分 10 分以下，则说明被测试者缺乏创新思维能力，需要努力。

2. 小小辩论会

对于中小学生搞小发明小创造，小李同学认为这会影响正常课程的学习，不利于个人的成长；小王同学认为，这可以促进思维发展，更有利于个人的成长，你赞同谁的观点？请说明理由。

3. “我是小小发明家”创新作品交流会

（1）观看“少年爱迪生”视频；

（2）“我是小小发明家”创新作品制作；

（3）展示“小发明家”的创新作品，并评选出最佳作品；

（4）“小小发明家”交流创造发明的心得体会。

自立篇

想自立，想进步，就须胆量放大，将试验精神，向那未发明的新理贯射过去；不怕辛苦，不怕疲倦，不怕障碍，不怕失败，一心要把那教育的奥妙新理，一个个地发现出来。

——陶行知

行知轶事

大树底下小树长不好

张宗麟先生原是晓庄学校的生活指导老师。1932 年暑假，他约戴自俺一起去广西桂林师范工作。戴自俺在晓庄追随张先生学习幼儿教育，现在能跟老师去“山水甲天下”的桂林工作，禁不住心驰神往，立即欣然同意。

事隔几天，陶行知先生约戴自俺谈话：“现在河南需要一个人，你愿意去吗？”戴自俺不大愿意，他低头想了一下说：“一个人单枪匹马地干有些胆怯，我干不了，还是请张先生带我一段时间为好。”陶行知笑了：“原来你是想着大树底下好遮荫呀！”“正是！我想先跟张先生学几年，再自己单独去闯。”

陶行知先生沉默了一会，忽然指着窗外说：“你看，那边有两棵树。”顺着陶先生的手，戴自俺看见了不远处的山坡上，有一株高大楝树，挺拔坚实，在晚霞中尤显得英气勃勃。在大树的下边有一株小树，被笼罩在楝树的浓荫之中，显得苍白瘦弱，一副可怜的样子。

戴自俺不明白陶先生的意思，用疑惑的目光望着这两株截然不同的树。陶先生说：“这棵小树躲在大树底下，阳光、水分、雨露都受到一定的限制。大树底下，小树是生长不好的。同样一棵树，小树没有一块自由生长的土地，就显得多么苍白无力！”他停了一下，深情地望着自己的学生说：“把这棵小树从大树的荫影下移出来，换一个地方栽，它也会长成参天大树！”

戴自俺听了若有所悟，他明白了陶先生的良苦用心，是为了让他能独当一面地去接受锻炼，在实际工作中培养自己独立工作的能力。带着陶老师的殷切期望，戴自俺离开上海，奔赴河南百泉，走上了乡村教育的道路。

点石成金

常言说大树底下好乘凉，然而庇护在大树底下的小树苗是长不成参天大树的。同样，人也是如此，不求自立是不会成才的！

稿费的故事

陶行知是我国近代人民教育家。他有一句名言："人生天地间，各自有禀赋。为一大事来，做一大事去。"他非常重视国民教育，认为"教育是共和国的保障"，因此，他把毕生精力都投入到"教育"这一大事中来。

1923 年，他组织了平民教育促进会，编写《平民千字课》，奔波于全国十几个省市，致力于平民教育。他把《平民千字课》作为教材，送到平民百姓家里，劝家家户户都要识字读书。他活动的经费多数都是自己写书得的稿费。

一次，他得到了 1 万多元稿费，拿回家锁在柜子里，承担着所有家务的妹妹看见了，问他："家里有老有小，钱也不多，能不能留 1/4 给家里用？"陶行知想了想，温和地说："我要去南京劳山脚下办晓庄师范，这钱要作为办学的经费。我们家虽穷，粗茶淡饭还能维持。中国 34 000 万农民非但没有饭吃，更没有文化。用这钱去办学校，是为农民烧心香，是尽我们的绵薄之力去帮助他们。你在家里省着点用，算是帮我去办大事吧！"妹妹理解了他，默默地点了点头。

1927 年，陶行知办起了晓庄师范学校，开展乡村教育活动。1932 年，陶行知在上海先后创办了"山海工学团""晨更工学团""劳工幼儿园"，继续推行中华普及教育运动。

智慧启迪

何为自立呢？自立就是自己的事情自己干。自立意味着我们要学会合理地安排自己的生活，靠自己的力量创造生活。自立是一个人的重要品质，是中华民族的优良传统。一个自尊、自信、自立的人必定对未来充满希望，永远向上、奋发进取。

知识链接

自立的重要性

1. 自立可以让我们完善自己，学会自尊，增强自信，提高法律意识；
2. 逐步学会理解和尊重他人，善于与他人沟通和交往，和谐相处；
3. 有利于积极地融入社会，关爱社会，奉献社会，成为一个对自己负责，对他人负责，对社会负责的能够自立自强的人。

教育家陶行知先生曾说过："滴自己的汗，吃自己的饭，自己的事自己干，靠人靠天靠祖上，不算是好汉。"

作为中学生，我们如何自立自强呢？

1. 克服依赖心理，懂得管理和安排自己的生活；

2. 志存高远，朝着目标去奋斗拼博；

3. 勇于面对困难，做生活的强者，在磨砺意志中自强进取。

知行合一

1. 美文赏析

（1）推荐书目：霍金的《时间简史》、海伦·凯勒的《假如给我三天光明》；

（2）推荐目的：通过阅读推荐文章认识到自立始于小事，在于坚持；

（3）以小组为单位，交流读书感悟。

2. “自理、自立”大比拼游戏

（1）对象：全班学生；

（2）游戏内容：做水果拼盘；

（3）游戏规则：在 10 分钟内完成，要有创意，注意颜色搭配、造型新颖、营养搭配合理、卫生安全；

（4）评选出最佳创意奖一名，最佳人气奖一名。

3. “今天我是值日小班长”

管理内容	班级情况	管理措施	改进意见
晨读			
课间			
午休			
卫生			

开展班长轮流制，每个孩子参与到班级管理中，学生督促管理中学会自立，共同管理好班级。

卫生篇 | 劳动篇 | 健康篇

健身

卫生篇

卫生的首要在预防疾病，卫生教育就在于教人预防疾病，减少疾病。

——陶行知

行知轶事

不拉手

在育才学校，陶行知在《育才卫生教育二十九事》中就规定了“不要拉手”。他说，一个人的手最辛苦，一天到晚东摸西摸，做功课，大小便……都要用手，所以手上沾满了细菌。如果两个人的手拉在一起，人亲密了，细菌也亲密无间了。本来一双手已是细菌窝，两双手细菌加在一起，就变成了细菌大世界，那还得了！

“不拉手”是为了预防细菌串门，还是消极的，更重要的是要经常洗手。洗手有几个步骤，缺一不可：冲湿手；涂肥皂；用力擦；手背、手心、指缝、指甲都要擦到；用水冲，肥皂与细菌一起冲掉。如果手脏，要擦两三遍肥皂，仔细地用水冲才行。平时还要改掉用手捏鼻子、嘴唇的习惯；眼睛进了异物，不要用手揉；脸上哪儿有小痘痘，不能用手去挤。从外面回家，先洗手，然后做别的事。特别是上厕所，便后当然要洗手，但如手很脏，应先洗干净再如厕，以免细菌到处乱钻，得了病还不知从哪儿来的。手是全身最易藏细菌的地方，“病从口入”，多数因手而起。

点石成金

为了保障自己的健康，要时时记得保持手的干净，这是防病的重要一条，千万要记住哦！

讲卫生

陶行知的育才学校制定了《育才卫生教育二十九事》，很详细地规定了讲卫生的方方面面。

第 8 条“离开咳嗽者五尺远”。集体生活中，有人伤风感冒是常事，一不小心就传染开来。陶先生规定咳嗽、打喷嚏要掩口鼻，免得病菌喷出来。健康人要有自我保健意识，不要到空气浑浊的场所去，见到人咳嗽要躲得远远的。“五尺远”当然是夸张之词，但避开是可行的。特别在春季流感易发时节，“避”是保护自己的好方法。

第 10 条“用公筷分菜”。中国人习惯围桌吃饭，筷子上沾着唾液，还有人带着病菌，你夹菜我舀汤，菜、汤成了洗筷池，吃菜的同时，把别人的口水、细菌一起吃下肚去，多不卫生啊！特别是幽门螺杆菌最易传染，一旦得病，轻则胃痛，重则癌变，吃这样的饭，实为得不偿失。要倡导用公筷分菜，虽然麻烦些，但可防交叉感染。有人觉得用公筷会疏远感情，其实习惯了就觉得是件平常事。“分食制”对每个人都有利，怎么会引起误会！感情好也不一定要在一个碗里吃饭啊！

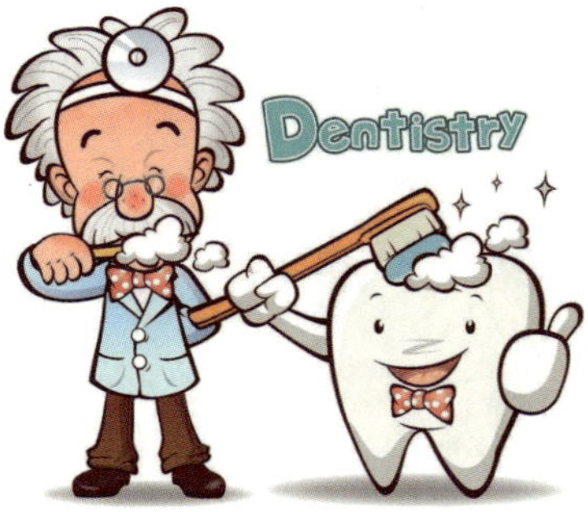

第 27 条“睡觉前必须刷牙”。很多人习惯早起刷牙，其实晚上刷牙更重要。一天下来，吃饭、喝水、吃水果、零食，口腔里都是残渣，不清除掉，睡觉时就会腐蚀牙齿。日子一久，嘴巴常有臭味，牙齿也会一个个坏掉。不仅睡前要刷牙，每次吃了东西，起码要漱口。保持这样的好习惯，到老了，牙齿都不易坏。

第 24 条“不随地吐痰”是同样道理。“痰”吐在地上，风吹日晒看似干了，但细菌却四处飞扬，钻到别人肺里去，一不小心就会传染上病。再说大家都不随地吐痰，环境整洁了，人觉得精神愉快，身体当然健康了。从小养成良好的卫生习惯，一定能有一个强健的身体。

点石成金

想要有一个强健的身体，一定要养成良好的卫生习惯，如勤洗手、勤剪指甲、不随地吐痰，不朝别人打喷嚏、睡觉前必须刷牙、不把笔放在嘴里等。

智慧启迪

健身这一概念，陶行知早在 20 世纪 40 年代就已提出来了。健身是渗透在人类社会生活中一个较为复杂的社会现象。它是 20 世纪人类社会生活的一个重要组成部分，是构成个人生活方式的一项重要内容。它是以运动为基本手段，辅之卫生与营养等，以追求身心健康并参与改造世界为目的的一项实践活动。陶行知认为健身，除运动以外，首推卫生。卫生者，“保卫生命”也。

为了“建立科学的健康堡垒”，陶行知先生提出要筑起“三道防线”；一是制造扑灭病菌绝除病菌及携带病菌者之工具；二是实施环境卫生；三是赤裸裸的靠着身体的力量与病菌肉搏。同时陶行知主张防重于治，认为“善战者不战而退敌之师，故一分预防胜于十个医生”。

人的教育应该是完整的教育，是一个人完善的过程。因此，我们在注重培养科学文化素质的同时，还应注重培养思想政治素质、劳动技能素质、身体心理素质。身体是革命的本钱，养成良好的卫生习惯才是身体健康的基础。

知识链接

中小学生个人卫生要求

1.“五勤”：勤洗澡、勤理发、勤换衣服、勤剪指甲、勤洗手。

2.“八不”：不吃不清洁食品、不随地吐痰、不随地丢果皮纸屑及其他废弃物、不随地大小便、不在桌面乱涂乱画、不在墙壁上留下手印、脚印、球印，自行车不乱停乱放，不损坏卫生设施。

3. 服装整洁。

4. 饭前便后要洗手。

5. 用眼卫生：做到三要三不要。

“三要”：坐的姿势要端正；看书写字眼睛要高书本一尺；认真做好眼保健操，读书写字一小时后要休息片刻或远望片刻。

“三不要”：光线过强或过弱时不要看书写字；躺着、坐车、走路时不看书；不用脏手揉眼睛，男女同学刘海不超过眉毛。

知行合一

1. 养成良好的卫生习惯才是身体健康的基础，请完成下面这个测试。

下面的问题请你根据自己的实际情况如实地回答。

（1）中小学生每天应睡（　　）

A．8 小时　B.9 小时　C.10 小时　D.11 小时　E. 都不是

（2）一般来说，进行运动后（　　）

A. 半小时后能吃饭　B. 立即可以吃饭

C. 一小时后才可吃饭　D. 两小时后可以吃饭

（3）当你看书、写字（　　）分钟左右眼睛感到疲劳，就休息一会儿或做眼保健操。

A.45 分钟　B.120 分钟　C.60 分钟　D 不知道

（4）书写阅读时，眼和书本的距离是多少？（　　）

A.30 ～ 50 厘米或一尺左右　B.80 ～ 100 厘米或一尺半

C. 两尺左右　D. 不知道

（5）怎样预防脊柱弯曲变形？本题为多项选择（　　）

A. 养成良好的坐、立、行姿势　B. 使用适合身高的课桌椅　C. 使用双肩背书包

D. 加强体育锻炼，认真做体操　E. 保证合理的营养，多吃蔬菜水果、动物内脏

（6）你每天刷牙的时间和次数是（　　）

A. 早上一次　B. 晚上一次

C. 早晚各一次　D. 有时早上刷，有时晚上刷

（7）你最常做的活动是什么？本题为多项选择（　　）

A. 玩电脑　B. 球类运动　C. 跑步、散步

D. 游泳　E. 看电视　F. 看手机　G. 看书

（8）不宜饭后马上进行剧烈活动的原因是？本题为多项选择（　　）

A. 影响胃肠正常消化　B. 可引起腹痛、恶心、呕吐等

C. 引起胃病　D. 以上都是

（9）你对自己的表现满意吗？（　　）

A. 满意　B. 一般　C. 不满意

（10）你觉得自己需要改进的地方有：____________________________

2. 教室是我们学习生活的主要场所，请完成本班卫生自查表，并写下整改建议。

		良好	一般	差	整改建议
1	门窗：玻璃清洁明亮、无灰尘，门上无脚印，窗帘无污垢				
2	地面：整洁，无纸屑，无粉笔头，无油腻灰尘，死角不积灰尘				
3	墙面：整洁干净，无手印、脚印、球印等				
4	讲台：整洁，无灰尘，粉笔不乱扔				
5	电脑、投影仪：整洁，无灰尘，遥控器清洁无灰尘				
6	电灯、电扇：整洁，无灰尘				
7	课桌椅凳：摆放整齐，整洁，桌面无刻画、无油腻				
8	教室后排整理柜：整洁，无灰尘，不零乱				
9	书橱：整洁，无灰尘，书籍摆放整齐				
10	垃圾桶：清洁卫生无异味，不乱扔纸屑，垃圾分类，卫生工具摆放整齐				

3. 为了向更多的人宣传良好卫生习惯，请你设计一份卫生手抄报。

要求：

（1）确定卫生主题：如牙齿保健、合理饮食、睡眠等；

（2）图文并茂、设计美观（A4 纸大小）。

劳动篇

吃自己的饭，滴自己的汗，自己的事自己干，靠天靠地靠祖先，不算是好汉。

——陶行知

行知轶事

特别的入学考试

1927 年，陶行知放弃了优厚的教授生活，谢绝了武昌高等师范（武汉大学的前身）和吉林大学校长的盛情邀请，脱去西装革履，穿上布衣草鞋，告别城市繁荣舒适的生活，在南京北郊晓庄创办了实验乡村师范学校，亲自培养训练乡村师资，开展乡村教育运动。他想通过培养具有“康健的体魄，农夫的身手，科学的头脑，艺术的兴趣，改造社会的精神”的乡村教师，以实现他的“改造一百万个乡村”的宏愿，“为三亿四千万农民烧心香”。

招生广告

培养目标：①农夫的身手；②科学的头脑；③改造社会的精神。考试科目：①农务或木工操作一日；②智慧测验；③常识测验；④作文一篇；⑤五分钟演说。本校准备：①田园二百亩供学生耕种；②荒山十里供学生造林；③最少数经费供学生自造茅屋住；④中心学校数处供学生实地教学做；⑤指导员数人指导学生教学做。

投考资格：初中、高中、大学一年半程度学生；有农事或土木工之经验，及在职教师有相当程度，并愿与农民共甘苦，有志增进农民生产力，发展农民自治力者，皆可投考。

特别声明：小名士、书呆子、文凭迷，最好不来。

当年 3 月 12 日，按考试规定，考生们脱下了长衫大褂，穿着草鞋，来到晓庄村。陶行知说：“你们要下乡了，以后要和农民做朋友，要为三亿四千万农民烧心香，替中华民族创造一个新生命。今天要举行一个特别的考试，看看你们能否吃得起苦，将来能不能成为一个农民欢迎的教师。”

他发给每人一把山锄，划了一方荒地，要大家垦荒。

垦荒结束后，陶行知非常满意，他说：“今天的考试是破天荒第一次。你们的成绩，足够一百分。农夫的身手是我们学校的第一个教育目标，以本校的目光看来，对于农事懈怠，简直是反革命。你们有一定文化，又通过了这次考试，将来一定会成为出色的农夫和受农民欢迎的好教师，必能在乡村干出一番成绩来。”

点石成金

陶行知先生说：“世界上有四种人：一种是劳力的人；一种是劳心的人；一种是劳力兼劳心的人；一种是劳力上劳心的人。惟独贯彻在劳力上劳心的教育，才能造就在劳力上劳心的人类；也惟独在劳力上劳心的人类，才能征服自然势力，创造大同社会。”

为什么要天天自己扫地、抹桌、烧饭？

1927 年 3 月，陶行知创办了晓庄师范学校。他批判传统的以文字为中心的教科书，而主张以生活为中心的新教科书，即以健康生活、劳动生活、科学生活、艺术生活、改造社会生活为新教科书的内容。当时，学校劳动教育的主要内容是：

低年级：主要开展学生生活自我服务活动。如穿衣服、削铅笔、洗手帕等。通过家长的指导，学生自行锻炼。在此基础上，班级开展竞赛活动进行评比。

中年级：进行一些简单的家务劳动和社会公益劳动。如洗碗、扫地、擦窗、洗衣服等，要求学生每天在家坚持完成几项劳动，并组织学生认真参加校内的除草等大扫除活动。

高年级：以家务劳动为主，并结合“红领巾学农田”及“红领巾小桔园”劳动。如洗衣服、做饭、洗碗，以及学校提供的学农田的种植。

学生黄上青问陶行知先生：“我们是来学校学习的，为什么要求我们天天要干扫地、抹桌、烧饭的工作？”

陶行知写信回答他：“烧饭是一种美术的生活。做一桩事情，画一幅图画，写一张字，如能自我安慰就叫做美。一餐饭烧得好，能使自家人吃得愉快舒服，岂不是一种艺术吗？今夏冯玉祥氏，曾来我们晓庄学校参观，他看见我们学校里，烧饭都是同学和指导员一起烧的。他马上打电报给总司令部，下达命令：官兵一律自己烧饭，不用伙夫。后来他说：‘第二集团军从此每月可省好多万元，而于战斗力也无损失！’扫地抹桌，是养成扫除肮脏的习惯。我们还可以把扫地抹桌的魄力，推出去扫除全国的、全世界上的一切的肮脏东西！我们要能随时随地，见肮脏就除，见污秽就扫，必使家庭无肮脏、社会无肮脏、国家无肮脏、世界无肮脏而后已。”

点石成金

掌握了一定的劳动技能，有助于养成勤劳自立的习惯，锻炼和增强意志力，学会独立面对各种困难。同时，在紧张的学习之余，做一点家务，也是一种休息，可以调节大脑机能，有利于增强体质、促进健康。

智慧启迪

劳动创造了人类、世界和文明。劳动是人类生存和发展的基础，是推动历史前进的动力。劳动创造财富，我们要珍惜劳动成果。劳动，更是美好生活的源泉，是人类生存和发展的第一需要。

> 要教育孩子们从小热爱劳动、热爱创造，通过劳动和创造播种希望、收获果实，也通过劳动和创造磨炼意志、提高自己。——习近平

晓庄师范学校组织师生参加各类劳动，对学生所参加的劳动技术教育活动进行评估考核，对合格者分发劳动技能奖章。师生一起在自然中学习，在实践中加强探索，这既是科学知识的深化和扩大，也是体力劳动的一种磨炼。

陶行知先生的生活教育理论，从某种意义上讲，就是教育与生产劳动相结合“在劳力上劳心”的理论。一个全面发展的人，其基本特征是体力劳动和脑力劳动相结合。生活教育理论坚持手脑并用，“教、学、做合一”，正是陶行知先生关于教育与生产劳动相结合的探索。

有一位心理学家曾经讲过：“习惯成自然，自然成性格，性格影响一个人一生的命运。”毫无疑问，劳动教育就是培养良好性格、促进我们健康成长的有效途径。世界上最美好的东西，都是由劳动，由人们的勤劳双手创造出来的。劳动让我们创造出了七彩世界，热爱劳动更是中华民族的传统美德，我们理应将它传承下去。劳动是立身之本、幸福之源，让我们一起动手参加劳动吧！

知行合一

1. “小鬼当家”

具体要求：替父母管理一天的家庭劳动，体验当家作主的感受，锻炼自理自立的能力。

家务劳动项目	家长评价（涂星表示）
扫地	☆☆☆☆☆
拖地	☆☆☆☆☆
擦桌子	☆☆☆☆☆
择菜、洗菜	☆☆☆☆☆
洗碗	☆☆☆☆☆
收拾房间	☆☆☆☆☆
洗衣服	☆☆☆☆☆
其他家务	☆☆☆☆☆

你的收获：____

____

____

2. 热爱劳动，乐于劳动，就会收获快乐，学习成为快乐的劳动者吧！

（1）在家里，积极参加________________________，我很快乐。

（2）在学校，积极参加________________________，我很快乐。

（3）在社会上，积极参与________________________，我很快乐。

3. 学唱《锄头舞歌》

《锄头舞歌》是陶行知先生作于 1927 年创办晓庄试验乡村师范之时，配以南京市郊农村栽秧山歌的调子，让晓庄师范师生演唱，后流行于国内。

锄头舞歌

一

手把个锄头锄野草呀!
锄去野草好长苗呀!
绮呀海，雅荷海。
锄去野草好长苗呀!
雅荷海，绮呀海。

二

五千年古国要出头呀!
锄头底下有自由呀!
绮呀海，雅荷海。
锄头底下有自由呀!
雅荷海，绮呀海。

三

天生了孙公[1]做救星呀!
唤醒锄头来革命呀!
绮呀海，雅荷海。
唤醒锄头来革命呀!
雅荷海，绮呀海。

四

革命的成功靠锄头呀!
锄头锄头要奋斗呀!
绮呀海，雅荷海。
锄头锄头要奋斗呀!
雅荷海，绮呀海。

——《知行诗歌集》，上海儿童书局版，1933 年

【注释】[1] 孙公，指孙中山。

健康篇

一个追求真理的人，以与患难搏斗为乐，也就是"健身先健心"。

——陶行知

行知轶事

煮饭何如煮粥强

人活在世上，总有烦恼，如何面对挫折，大有学问。陶行知一生历尽政治迫害、经济困窘、亲人病残，可说是厄运连连，他却从未气馁。1939 年，陶行知在重庆办育才学校，家里经常为无米之炊发愁。

一天，夫人吴树琴告诉陶行知，翦伯赞先生来看望过他，等了很久不见他回来，就走了，说是去弄钱买米。

陶行知深知翦伯赞先生的困窘，心中一动，对树琴说："翦先生只怕是无米为炊了。赶快看看，家里还有多少米？"

树琴掀开米缸的盖子，看了看已露出底的米缸，苦笑着说："你是泥菩萨过江，自身难保，家里的米只够吃两天了。"陶先生略一思索，跑出去叫了一个学生来。

这学生穿了一件学生装，陶先生将他的口袋张开，把米一把把地装了进去。待两个口袋都装满了，就对学生说："请你去看一次翦先生，把这些米送给他。"学生走后，陶先生长叹一声，坐到了椅子上。

"米送掉了，现在只剩两碗米，怎么烧饭给六个人吃？"吴树琴无可奈何地说。

陶先生看了看树琴，又看了看米缸，突然爆发出一阵大笑："别急，别急，我自有办法。"

他提笔一挥，写下了一首诗，放在树琴面前说："夫人请看，这就是我的办法。"树琴接过来一看，原来是抄录了一首陈世馆的"煮粥诗"："煮饭何如煮粥强？好同儿女细商量。一升可作三升用，两日堪为六日粮。有客只须添水火，无钱不必做羹汤。莫嫌淡泊少滋味，淡泊之中滋味长。"

陶行知和树琴相视而笑，于是喝粥不觉其苦。后来，他又将此诗译成英文读给育才师生听。那时，育才学校的办学经费相当困难。在学校每日以两餐稀饭度日的困境中，陶校长用他的风趣和乐观，给孩子们带来了战胜困难的信心。

点石成金

能吃苦不算难，难的是苦中作乐，苦中造乐，这就要有一颗健康的心。人生道路谁都不可能一帆风顺。一个心理健康的人，吃苦、倒霉、摔跟斗，都只当是生活这锅大菜的调味品，有了它才觉得人生有味道。

预防疲劳之休息

有一次，陶行知的儿子晓光来信告诉他，因赶写三篇科普文章，连续开夜车，现在有点头晕目眩，饭也吃不下。陶先生看了三篇文章，心里很高兴，但担心儿子累坏了身体，立刻写回信，信中写道：“为了要攀登真理的高峰，为了要作最多数、最有效、最永久的服务，我向你提出如下的劝告：一、健康第一；二、从容工作学习的原则，紧张突击应为罕见的例外；三、预防疲劳之休息。拿休息来预防疲劳，重于拿休息来治疗疲劳。你必须特别小心，对于元气宜多储蓄，对于健康切勿透支。”

有人自称是“工作狂”，或日夜颠倒，或加班无休，弄得面黄肌瘦，对什么都没了兴趣，这是不可取的。陶行知提倡“干的时候干，玩的时候玩”。他办育才学校时，因物价飞涨，每天与米价赛跑，学校难以为继。他整天在外筹款，忙累不堪。他与大家订下一个原则：谈工作可以，但在吃饭、散步、睡觉时不要找他，因为吃饭时，一谈米价，就会影响食欲，吃不下饭，或吃下去也因忧急积在肚里不消化。散步是情绪放松，一面走一面观山赏水，心情得到滋养。如果这时谈了学校现状，又会紧张起来，伤心劳神，影响健康。睡觉时被人吵醒，谈了工作，事多又杂，再睡不着，影响第二天工作。

这样有张有弛，才能保持旺盛的精力干好事。

他曾写文解释“如何把青春留住”：恨则易老，怒则易老，惑则易老，忧则易老，惧则易老，恋则易老，厌学则易老，教倦则易老，没有工作称心则易老，不看有益之书则易老，不跟少年学则易老，不站在前线而自甘落伍则更易老。“不急不息”，是“步步为营，节节进攻”，朝着大目标进行，不使虚度一日；一日之中，不使虚度一时。但休息便完全休息，完全休息，是为进攻而储备“子弹”，是“息而不息”。倘若休息时不完全休息，则进攻时也不能完全进攻。休息之时思进攻，进攻之时思休息，则经常劳碌难以制胜，弄得不好病魔缠身，不仅难以成功，恐怕连性命都会堪忧。这是要引起重视的。

智慧启迪

所谓“健心”，就是“使心理健康”。“心理健康”，即精神健康，是一种心理活动的正常状态。心理健康的人，对外界的反应适度，对生活充满信心。陶行知先生如此看：健身仅能铸就强壮的身体，健心却能塑造不倒的灵魂。健身方法千变万化，最重要的是健心！

拥有健康的心灵，能让我们学会正确看待自己，多一些心平气和，多一些积极进取，多一些毅力和自信。心灵健康，能让我们不断主动地进行自我调节，调整自己的情绪，优化自己的性格，磨砺自己的意志，学会和谐与他人相处。

陶行知先生在他的生活教育中，将“健心”作为健身教育的重要内容，并巧妙地渗透在日常学习和生活的过程中。他有句名言：“健康第一，问一问今天我的身体有没有进步？”他又说，比身体更重要的是“一个追求真理的人，以与患难搏斗为乐”，也就是“健身先健心”。

他常说：“适当的休息，是健身的主要秘诀之一，万不可忽略。忽略健康的人，等于在与自己的生命开玩笑。”陶先生强调劳逸结合，坚决反对学生为赶考而开夜车，提出了“预防疲劳之休息”的问题。

我们要时时能警觉，预防疲劳，不致使身体过分疲劳。天天能在兴致勃勃中工作学习，健康必然在愉快中进步了。至于已经有人过分疲劳了，要快快作“恢复疲劳的休息”。

知行合一

1. 健康天天问

	较好	一般	有待改善
(1) 一日三餐，定时定量。			
(2) 注意饮食卫生，不去无证摊点就餐。			
(3) 每天喝水不少于 6 杯。(200ml/ 杯)			
(4) 平时很少吃零食。			
(5) 养成了早睡早起的习惯。			

(6) 每天睡眠时间保证 8 小时。			
(7) 每日运动不少于 30 分钟。			
(8) 一早醒来，总是能保持愉悦的心情。			
(9) 我总是很容易与别人亲近。			
(10) 碰到烦心事，能控制情绪，应付自如。			

2. 健康天天行

拟定“我的一日饮食计划”

（1）早餐：（就餐时间：________________ ）

食物有：____

（2）午餐：（就餐时间：________________ ）

食物有：____

（3）晚餐：（就餐时间：________________ ）

食物有：____

拟定“我的一日运动计划”

锻炼方式：____

时间安排：____

放松方式：热水澡、按摩。

制作“心情晴雨表”

（1）将一周内心情的变化制成一张“心情晴雨表”，用天气预报的图例表示不同情绪。

（2）分析自己的“心情晴雨表”，说说晴天多还是雨天多，觉得自己快乐吗？

（3）让自己和别人都快乐起来。

	心情晴雨表	快乐宣言
周一		
周二		
周三		
周四		
周五		
周六		
周日		

3. 小小健康宣传员

（1）宣传对象：可以是学生、家长或社区居民；

（2）宣传内容：根据不同宣传对象及年龄特点选择内容（如生活方式、饮食、运动、情绪等），每个小组的宣传员可选择其中一项内容宣传；

（3）宣传方式：以小组为单位，5—6 人为一组，制作宣传稿件。以宣传讲解为主要形式，可根据不同环境和内容需要，以挂图、视频等教具作为辅助，每个宣讲内容不超过 15 分钟。

第三章 行知实践

■ “小陶子”邮局 ········ 102

■ “小陶子”社团 ········ 110

■ 行知纪念日 ·········· 117

“小陶子”邮局

“大哉陶子，陶子陶子，陶子以前，无一陶子，陶子以后，万亿陶子，大哉陶子，陶子陶子。”这段文字的字里行间传达出的是郭老对陶先生的赞美、尊重与敬仰。这个前无古人、后无来者的“大”字，其实就是陶行知教育思想最高、最远、最深的体现，而这种思想是值得我们这些后人去追随、修习与求索的。而这个“小”字，其实就是传承先知、蕴藏生机、创造未来的寓意。

先人已远逝，但风骨犹存，我们要学习“大陶”，做新一代的“小陶”，做陶行知教育思想的忠实的传承者和践行者。所以，借“上海宝山少年邮局”成立的东风而成立的小陶子邮局，它的宗旨就是怀想大陶、激励小陶，然后桃李成林、芬芳四海！

邮局简介

“小陶子”宝山少年邮局是上海市宝山区教育学院实验学校在长期开展集邮特色教育的基础上成立起来的，是上海第一家中学生自己的邮局。

它的前身是学校的集邮兴趣小组。自 2002 年起，宝山邮政局特聘请了市青少年集邮协会理事担任兴趣小组的集邮辅导员。之后成立了青少年集邮社团，并逐渐成为学校的一大特色，受到师生的普遍欢迎。为了积极有效开展集邮活动，学校把集邮作为课程进课表、进课堂；建立了“集邮之家”，供师生阅览、学习、参观。2005 年，被评为全国青少年集邮示范基地，2007 年编写了以书信文化为题材的校本教材，并召开了全国青少年集邮教材研讨会。2009 年 9 月 10 日，“小陶子”宝山邮局正式成立。2010 年又成立全国首家小陶子集邮书信收藏馆。2011 年以“少年邮局的创新与发展”为主题召开了全国青少年集邮论坛。十几年来，“小陶子”已成为我们学生成长过程中一个绿色的精神家园！

“小陶子”邮局由学生为主，采取公开招聘和选举推选的方式。鼓励对集邮有广泛兴趣，具有一定的集邮相关知识，热爱这项事业的学生报名，从中选举产生少年邮局局长一名、副局长一名、工作人员若干名。由学校发放聘书，任期为一年。迄今已经是第六届。

“小陶子”邮局是一个面向社会开放的邮局，作为青少年的集邮实践基地，每周六上午

8:30—11:00在牡丹江路1745号邮局工作。采取轮班制，每次由2名学生值班，按时上班（如有调休或者学校有重大活动等都会提前请假）。业务范围：收寄信件、加盖邮戳、咨询服务等。专业的着装、整齐的仪表、良好的形象，已作为宝山区邮政局的一个品牌窗口。

邮局活动

秉承陶行知先生“教人求真，学做真人”的育人思想，以方寸邮票和书信为载体，引导学生追求美好的精神世界，增强文化底蕴，陶冶情操。十几年来，学校集思广益，加大了二期课改的渗透力度，努力探索集邮和课程的整合，实践着以学生发展为本的理念，在方寸小天地中探索大世界，扎扎实实地开展着这一提高学生修养的活动。

“小陶子”邮局自成立以来，每年至少举办一次不同形式、不同主题的集邮主题活动，主题杯赛活动，主题实践活动。

“小陶子”主题活动篇

纪念上海解放60周年

2009年5月举办了“书上海、思先烈、明志向”的主题集邮活动。组织学生参观“解放上海纪念馆”，祭扫“宝山烈士陵园”墓，观看电影《战上海》；组织“告慰革命先烈”书信比赛以及“庆祝上海解放60周年”明信片设计比赛。有学校书信比赛金奖获得者读给烈士们的一封信，有参加解放上海的烈士后代周焰女士讲话，还有学生向时空邮局投寄给先烈们的书信。整个活动以书信为主线，增强了莘莘学子的爱国热忱和民族意识。

青少年书信文化日

2009年10月参加“上海国庆邮展”。现场以13个版面展板形式展示近年来学校青少年集邮活动的成果，特别是在开展青少年书信文化方面的累累硕果。“小陶子”邮局成员作为这天的活动主角热情地为集邮者加盖纪念邮戳和邮政日戳。参加活动的百余名学生，纷纷拿起手中的笔，展开信笺，写下了对祖国母亲、对养育教育自己的父母老师的深深祝福及感恩之情。通过这次活动，孩子们进一步了解了一封信的邮寄过程，增加了邮

政知识；通过参观、欣赏集邮专家的主题邮展，感受到了集邮的博大精深，对集邮的兴趣又加深了一层。

喜迎党的十八大

2012 年 6 月“小陶子”邮局联合宝山邮政局在宝山文化馆举行“喜迎十八大·红色文化年”的主题巡展，此次展品分历史的丰碑、党旗飘飘、光辉历程三个篇章，包括纪念中国共产党成立 90 周年、改革开放 30 年等多个主题共 70 件展品，其中有部分是宝山少年邮局历年来珍藏的邮品，学生们参观邮展得到了很大收获，上了一堂深刻的党史教育课，“小陶子”邮局同学还接受了电视台的现场采访，表示“要跟党走，争做时代的好少年”。

“小陶子”主题杯赛篇

为上海世博会献礼

2010 年 5 月承办了上海市“小陶子杯”——“我是世博小主人”的集邮书信大赛。由宝山区教师进修学院（现更名为宝山区教育学院）德育室参与组织策划，全市共有 8 个区，共 87 所中小学组织学生参加，其中宝山区就有 67 所学校，组委会选出了 2 010 封参赛，表达了青少年对 2010 上海世博的热爱以及对各参展国家和地区朋友的美好祝愿。“小陶子”邮局的成员作为志愿者全程做好收理、分类、寄发、服务等工作。通过这次活动，同学们热情参与，并倡议市民“做文明上海人”，热情友好地迎接八方来客，更传达出广大学生内心对上海世博会所怀有的一份责任感。

为庆祝建党 90 周年献礼

2011 年 3 月至 6 月开展了“党是阳光·我是花”——宝山区中小学“小陶子杯”明信片设计大赛。活动共有 74 所中小学校组织学生参加，其中小学 46 所 345 幅作品、中学 25 所 218 幅作品、高中 3 所 21 幅作品；总共收到 563 幅参赛作品。此次明信片设计大赛参与面广，学生的水平较高，品种极多。此次活动还接受了中学生知识报的专题采访和报道。

参赛的每一幅作品都是学生对建党 90 周年足迹的深深铭记，每一幅画面都是对党 90 年风风雨雨光辉历程的永恒纪念。充分表达了学生对党的深深祝福和无限热爱。

为纪念辛亥革命百年献礼

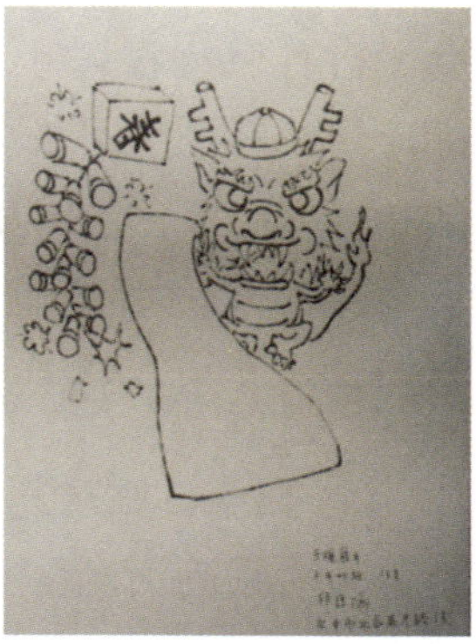

2011 年 9 月“小陶子”邮局举办的沪台少年“龙的传人”——“小陶子杯”邮票图稿设计大赛。此次大赛组委会共挑选了 100 幅作品参选，来自宝岛台湾的 46 幅作品成为此次大赛的亮点。获得金奖作品（右图）的邱语涵是来自台中五权国中的三年 25 班的女生。跨越海峡，年轻的心聚在一起，对集邮艺术文化的追求，是“小陶子”邮局与两岸文化交流的一部分，孩子们以书画的形式表达着，我们都是炎黄子孙，我们都是“龙的传人”。

“小陶子”邮局“三五”学雷锋志愿者活动

2012 年 3 月 5 日“小陶子”邮局在宝山文化馆广场开展学雷锋活动，小陶子邮局的志愿者分成三批，有的分发由少年邮局限量发行的刻有“向雷锋同志学习”纪念戳的纪念信封，向周围的居民群众宣传了邮政知识和雷锋精神，有的细心周到地为前来的市民提供肺活量、血压等体质健康测试，有的向市民们分发我们精心印制的养生粥口诀、果蔬疗效等免费宣传单。在一天的活动接近尾声时，服务摊前依旧有许多络绎不绝、不舍离去的居民，他们不时竖起大拇指。奉献一颗爱心，就必将收获一份感动。活动结束，受到一位热心市民孟老先生的赞许，他挥笔写下了“反哺传统教育，功德无量；耐心细心，诚信可佳；

体现社会和谐，谢谢你们。”“小陶子”们通过这个活动促进了与周边居民群众的了解，增进了感情，自身得到了锻炼，为创造和谐社会和营造美好生活提供了积极而有益的实践方向。

“小陶子”邮局举行感恩亲情书信活动

“小陶子”邮局联合学校其他部门，将“感恩教育”和集邮活动联系在一起，每年开展一次“书信节”活动，围绕四个方面内容：第一，写给自己的父母，感谢他们的养育之恩；第二，写给自己的老师，感谢老师多年的悉心培养和教诲；第三，写给自己的好朋友，感谢同伴们给予的关心和帮助；第四，写给社会其他人，感谢他们为社会、国家、人民作

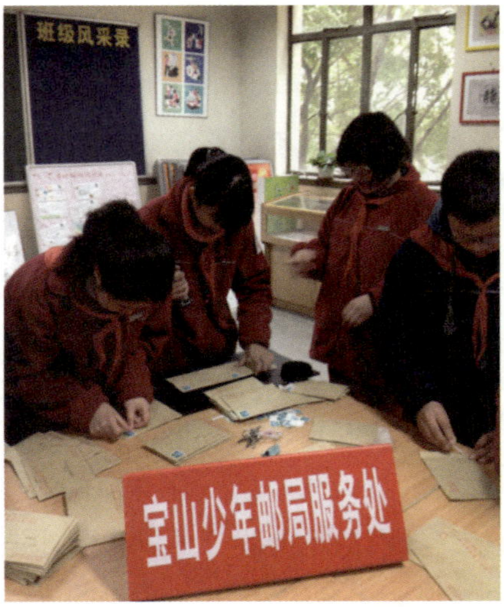

出的贡献。一封封书信，以最朴实的语言，表达了学生对老师、妈妈、朋友、老前辈最真诚的情感。通过“书信节”的活动，让学生懂得了要学会感恩，认识到了自身肩负着父母、老师和他人的期望，从而能倍加珍惜现在的学习机会，努力拼搏，以优异的学习成绩和良好的综合素质发展，实践对老师、家长、朋友、社会的感恩。

校园文化风采活动

“小陶子”邮局连续四届参加上海市中小学生“我爱集邮”系列活动。其中第二届还承办了整个活动的启动仪式。在2015年的“畅想邮票的未来时”的颁奖会上，“小陶子”们齐心协力，更是收获到了集邮知识大大的冠军奖杯。“小陶子”们付出了汗水，也收获满满。这些沉甸甸的奖杯奖状是他们辛勤的见证，也促使学校集邮之花花满校园、花香远播。

在数次的活动中，“小陶子”邮局为学生的个性发展提供了一个广阔的文化空间，“小陶子”们得到了一个开阔视野、锻炼意志、结交朋友、交流学习的机会。除了这些不定期的活动之外，在学校为师生投递信件，办理首日封，定期推出师生自己设计的宣传戳及开展各类集邮活动。“小陶子”邮局的成立，为学校开展素质教育提供了新的载体，为学生开展社会实践活动创建了新的基地。

成员收获

在“小陶子”邮局这个大家庭里，“小陶子”快乐了、成长了、收获了……

“小陶子”让我快乐

下面是“小陶子”邮局第六届局长——许红霞同学的真实感言。

六年级时我是一个内向、普通的外地生，而现在的我是一个开朗、自信的八年级学生。爱好诗歌朗诵、集邮，是班长也是语文课代表。是“小陶子”改变了我，现在和大家说说我的故事吧。

我是六年级从我们学校的集邮兴趣课开始接触邮票的。“书信传友谊，方寸寄深情”这句话在我的脑海中挥之不去。从那以后，我就对集邮产生了浓厚的兴趣。

我曾经为了购买到一枚心爱的甲午年生肖邮票排了六个小时的队，是坚定的意志让我坚持了下来，拿到邮票的我爱不释手，敲好邮戳，我喜出望外地走出去，看看店内的长队，再看看店外的长队，我竟然看到人们羡慕的眼光。走在路上，太阳照在我身上是那样的温暖。那一刻，我很快乐……

2014 年暑期去上海电影博物馆参加了集邮夏令营活动。在那一天，我和我的“小陶子们”一起动手制作了各种愤怒的小鸟陶艺作品，并在专业人员的指导下拍摄了自己的第一部电影小短片。

那一天，我是最快乐的……

“小陶子”让我成长

2013 年 12 月我通过选拔光荣地加入了“小陶子”邮局，两年来，我在“小陶子”家园里成长。平时星期六我会去邮局帮助那里的叔叔阿姨工作，寄挂号信，做催领单，第一次穿着邮政制服站在窗口，我显得十分紧张和拘束，是前任小局长默默地教我。我渐渐学会了如何面对形形色色的人物，也慢慢认知了更多的突发状况。我站在大厅里帮助热爱集邮的集邮者和前来邮局办事的人。每次工作完，我会有很多体会，体会到生活中的酸甜苦辣；体会到爸爸妈妈工作的不易，也体会到集邮的无穷乐趣。

2015 年 1 月，我成功地成为第六届“小陶子”邮局的局长。我学会了很多工作技能，也可以坦然地处理各种各样的事情。但是这一刻，我也知道我身上的担子重了，不单单来自同学与老师，更多源自我自己，我不能辜负老师与同学的期望。

在成长的过程中，我还会经历更多，收获更多……

“小陶子”让我收获

回首在“小陶子”邮局任职局长这一年里，我收获满满，我获得了很多，有些是任何东西也无法替代的，我在“小陶子”这个大家庭里变得更加自信了，变得更加沉稳了，变得更加坚强了……

我收获了知识

邮票素有“国家名片”之称，每个国家发行邮票，无不尽选本国最优秀、最美好、最具有代表性或纪念性的东西，经过精心设计，展现在邮票上。方寸之间的小小邮票成为包罗万象的博物馆、容纳丰富知识的小百科。

我的集邮册中有 311 枚邮票、35 张明信片、28 个实寄封。我知道，我的邮品不多，可我深知我会把这个爱好发展下去，我一定会让邮品装满我的集邮册。我深爱它是因为它不但可以开阔我的视野，还可以拓宽我的知识。动物的活泼可爱、植物的生机盎然、名胜古迹的雄伟壮观让我感到邮票的神奇。

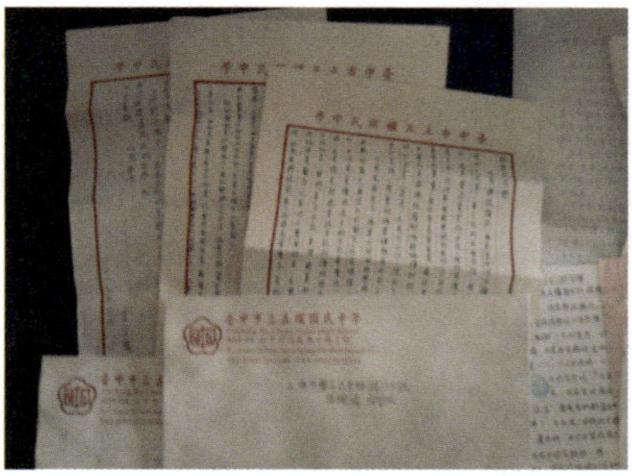

虽然集邮仅仅是一项课外活动，但是通过邮票，我能探索世界之奥妙，一定会受益匪浅，而我也不会因为它而影响学习，我是班里的语文课代表，因为有了这些知识，我的作文更生动、更有内容了。

我收获了友谊

我不仅在“小陶子”学到了很多课堂里学不到的知识，也交到了更多的邮友。

通过“小陶子”的书信活动，我的邮友遍布五湖四海，有台湾的、有其他各省市的，有部队的，有年长的、有同龄的。通过书信，我们交流学习、谈天说地，让我了解了很多不同地方的风俗和文化，也让原本内向的我，慢慢变得活泼了。

我收获了历练

在“小陶子”邮局，我参加了许多活动。2015 年 8 月 13 日是纪念淞沪抗战胜利日，“小陶子”邮局特别设计制作了纪念戳，在牡丹江路邮局首发。一大早就有大批邮友从四面八方闻讯赶来。老师来电告知她有事，来不了。我明白了迎接我的是一次考验，也是一次锻炼。

我为邮友们签名、盖戳，更有几位聋哑邮友赶来现场制作邮品，一直忙到中午才结束。那天对我而言，是我成长路上最宝贵的经历之一。

我收获了成绩

从六年级开始，我参加了很多市、区级的各种比赛，让我最记忆犹新的是 2015 年 11 月我们三个“小陶子”参加上海市中小学生“我爱集邮”的知识竞赛决赛。这个大赛我参加过两次，2014 年我们因为紧张而落败，当时我们有点沮丧。沮丧是因为我们之前准备了很久，各个方面都准备得很充分，但是由于风险题选择错误，让我们落败。回来以后我们总结经验，打算来年再战。这次我带了两个新队员在前两轮小心应对，现场制作、上台宣讲，经过三轮激烈的实战，最终齐心协力获得了冠军。

两年来我在“小陶子”里有过失败、有过成功，但我想说的是我一直是尽力的。我尽力地完成“小陶子”的每一件事，也尽力地摄取集邮给我带来的知识与乐趣。我付出了很多，但是我的收获却是满满的。

“小陶子”是我们的家园，在这个家园里我们新老更替传承着，在这个家园里我们解放手脚和大脑，并去进行创造实践，“小陶子”为我们提供了一个广阔的空间，让我们充分发挥、共同成长，相信今后的“小陶子”会焕发出更绚丽的光彩。

“小陶子”社团

社团简介

从上海市行知实验中学——这所与陶行知有着深厚渊源的学校里，走出了一群群的“小陶子”。他们组成了“小陶子”社团，走进上海市陶行知纪念馆里和行知育才旧院里（育才学校从渝迁沪后唯一得以完整保存的历史性建筑物，2011 年被确立为宝山区文物保护单位，并被评为“上海市普教系统十大校园新景观”）担当起了小讲解员，向人们讲述着陶行知的故事；社团拥有自设的徽标、社团服装、评价卡以及一套行之有效的社团运作模式。自 2007 年以来，社团先后为行知小学、区进修附小、嘉华小学等很多队员和市、区领导进行了讲解，受到了广泛的好评。并在宝山区第七次少先队代表大会上进行了外场展示。被评为“宝山区初中少先队特色”，并获得一队一品的“最具潜力项目奖”。我校的“小陶子”社团还被邀请参加了话剧《永远的陶行知》新闻发布会和首映式，担当工作人员。他们还走上舞台，向共建部队和全区学生代表进行“我眼中的十八大”的宣讲以及“求真奉廉陶行知”宣讲。上海星尚频道、上海教育频道、文汇报、全国核心刊物《思想理论教育》等多家媒体均有报道。或许恰如他们在心得体会中所说：“在社团中，我不仅锻炼了自己的口头表达能力，登上了展示自我的平台，更是学会责任与合作，体会到了成功与满足，而这些，都将成为我一生的宝贵财富。”

活动过程

自创社团徽标，制定章程

社团成立后，队员们聚在一起共同设计了社团徽标，并协商通过了社团章程。

“小陶子”的社团徽标是由 1 个图案、1 个中文字和 4 个英文字母组成的。

首先，图案的主体是一个话筒，代表了“小陶子社团”的主要特色——陶行知生平事迹讲解员。

其次，整幅图片我们可以看到：

T——陶行知事迹；J——讲；J——解；Y——员（Y 从图上可以看出，像一个红领巾的图案，代表“小陶子”社团是由少先队员组成）。

图片组成的一个中文字——小。

所以，社团徽标所蕴含的意思是：由少先队员们组成的，以陶行知生平事迹讲解介绍为主要特色的红领巾社团。

自聘社团辅导员

社团成立后，队员们自己制作了聘书，聘请陶行知纪念馆馆长陆黎明、宣传科长陈勤红和行知实验中学大队辅导员韩茜为社团辅导员。

探索社团运作模式

在几届社团成员的努力下，社团形成了自己的一套行之有效运作模式。

1. 宣传报名：各社团成员利用社团招新向新队员介绍并宣传，在此基础上，各中队队员自愿报名。

2. 面试选拔：报名的队员进行陶行知诗歌的朗诵，从普通话标准程度，语言表达能力等方面，由社团主要负责人进行综合评分选拔。

3. 家校互动：向入选的队员的家长寄送祝贺信，并请家长提出要求与希望。

4. 知陶学陶：入选的队员要通过阅读书籍、上网查找等方式了解陶行知先生生平，以小组形式，讨论并汇报。

5. 培训训练：分集中训练和个人训练两部分。首先集中对社员进行培训，再由社长进行分组，由上一批的五星级讲解员作为“小先生”，每人负责一组。辅导培训新社员针对自己的版块，自己编写讲解稿，形成各自的讲解风格和内容。

6. 晋级加星：当完成培训和自我训练后，对他们进行评分，产生三星级以上讲解员。并对四星级以上讲解员进行颁奖。

实践讲解

以“陶行知纪念馆”和“行知育才旧院”为活动基地，开展实践讲解服务。

实施片段

坚守岗位的“小陶子”

“小陶子”社团被邀请参加了话剧《永远的陶行知》新闻发布会和首映式。两次活动中，作为礼仪工作人员的他们秉承坚守自己岗位的理念，用行动践行职责。无论是礼仪迎宾还是分发资料，无论是协助工作还是上台献花，他们都面带微笑、一丝不苟地完成。每次数小时的服务工作中：站累了，他们暗暗地弯弯腿；笑僵了，他们偷偷地揉揉脸；有什么突发情况，他们相互协助完成。而在新闻发布会上，没有任何人要求，他们纷纷拿起放在面前的纸和笔，做起了笔记，有的社团成员还即时写下了自己的所想所感。

从那句句感想之中，我们看到的是他们对陶爷爷的崇敬和身为“小陶子”的自豪感与责任感。在练习讲解时，他们查阅了很多陶行知的相关事迹，并编入自己的讲解词之中，字里行间，充满真情，令人动容。有队员这样写道：“我希望《永远的陶行知》能演出成功。因为只有去了解了陶爷爷，你才会明白他的无私与博爱。陶爷爷做过的很多事情，我们也许无法做到。但是那些美好的品质和勇于牺牲付出的伟人，永远值得我们去尊重和景仰。”

乐于奉献的“小陶子”

“小陶子”们对讲解员这项工作是无比热情的，在陶行知纪念馆这些校外辅导员们的指导下，他们利用周六周日，将多达5 000字的讲解词反复背诵，上网去查找有关陶行知先生的有关事迹和讲解员的注意事项。到陶馆实地培训时，恰逢空调有问题，汗水浸湿了他们的后背，可是这丝毫没有影响他们的工作热情。他们一遍遍地实践讲解，相互提意见，指缺点，力求做到最好。虽然辛苦，但可以感受到他们的快乐。在假日里，只要接到讲解的通知，他们会放下所有的事情，放弃自己玩耍的时间准时赶到。

有一次，暑假高温40多度，陶馆临时有区里领导来参观，我们有的社员坐一个多小时的车从亲戚家赶过来。有一次电视台采访他们问：“你现在快上初三了。当你学业和这份工作发生冲突时，你怎么办？”他们很坦然地说：“冲突其实也是有的，但是如果你足够热爱这份工作，你就会愿意去付出。而且，或许就是因为有这段经历，让我更有自信心，并对自己的要求更高。”

乐为人师的“小陶子”

让“小先生”辅导新的社团成员是想实践一下陶行知先生的“小先生制”，却未料效果如此之好，每一届的“小陶子”都抢着要做“小先生”。每位“小先生”都利用自己下课和放学时间辅导自己组的成员，并对他们的表现做了详细的记录和评价。当他们的“小徒弟”们参加晋级加星时，他们在一旁叮嘱鼓劲，竟比自己晋级加星还要紧张。

让他们写自己的小先生辅导感受，本也没有规定字数。不料他们却洋洋洒洒写了近3 000字，说：“写的时候，根本不用想，一点感觉都没有就2 000多字。”而训练出来的新讲解员们亲切地称他们“梦薇姐”“华师傅”“申先生”，听听他们讨论着一起训练时的点点滴滴，看着他们的开怀笑容，也让我们感受到了“小先生制”的魅力所在。

刻苦训练的“小陶子”

“我很幸运，与陶行知爷爷生于同一天，但是陶爷爷却没有我那么幸运，出生在和平富饶的新中国，1891年10月18日，陶行知出生在灾难深重的旧中国农村一个贫寒的教师之家，他家境清贫而自幼好学……”这就是我们的“小陶子”们自编的讲解词。在评定星级讲解员的过程中，队员们都暗暗地憋足了劲练习。在别人讲解时，时常听到他们说：“恩，这个我也查到的。”“哇，讲得真好。天天练到底不一样。”“我爸妈老问我练得怎么样了，得了几星啊？”

他们针对各自的版块查阅了大量的资料，自己编写了讲解词，利用自己的休息时间，围聚在展板前，反复练习讲解，对着镜子练笑容练得脸都快抽筋了。他们还把学陶师陶活动延伸到家庭，回到家也不忘记让父母亲聆听、点评，形成了各自的讲解风格和内容侧重。

随机应变的“小陶子”

在社团活动中，我们惊喜地发现了他们的进步。在给嘉华小学学生讲解时，他们得知这次的对象是二年级的小学生，考虑到孩子比较好动，便自己准备糖果对小朋友们进行奖励。还一边讲解一边表扬说：“这个小朋友真是聪明，这个小朋友好乖啊！”结束后，他们感慨道：“做老师真不容易，小孩子真是好调皮。下次不发糖果，对牙齿不好。改奖励卡通粘纸。”

在陶行知事迹流动讲解时，正当大家听得津津有味之际，一阵大风吹来，展板被吹倒，我们的讲解员反应非常敏捷，镇定自若道：“看来陶爷爷希望我能讲得更好，要给我机会再讲一遍。”

陶行知纪念馆里有一块像甲板一样的过道，小朋友们走到这里时总喜欢特别大力地踩，发出很大的噪声，怎么说都没有用。有一位“小陶子”却想出了一个好办法，她对小朋友们说：“你们看到过小猫咪走路吗？小猫咪走路是不是轻轻的啊？下面，我们一起来做一个‘学小猫咪走路’的游戏，让姐姐看看谁学得最像。”

成员收获

陶行知事迹小讲解员的经历，潜移默化地影响着孩子，于无声之中，行知精神走进了他们的心底。他们懂得了责任，获得了自信，感受到了成功的喜悦，让他们成为了怀揣着梦想，在阳光下奔跑的少年。

“小陶子”让我懂得了责任（“讲解员之星”贾宸杰）

我是一个幽默可爱的小男孩，晋级时我自编台词里的那句：“看，有了我们丁同学设计的这个方便密码记忆的软件，妈妈再也不用担心我忘记密码了！”让我成为了得分最高的“小陶子”。于是，在我们绝对讲求公平的社团里，我依靠我的实力，成为了史上第一位男社长。

可是，问题来了！用我自己的话说，我就是有点迷糊；用伙伴们的话说，我的责任心不强，不太靠谱。所以一开始，小伙伴们都对我充满了担心……

直到有一天，社团例会中分享“背后的故事”时，老师说：“我发现贾宸杰越来越有责任感，上一次你们晋级加星，他把所有事情安排好以后，跑到我办公室说他都安排好了。然后很认真地盯着我说：‘老师，你说评分表你来打印的，你不要忘记了啊！’”小伙伴们听完了后，也七嘴八舌地补充表扬我，说我招新时还回家把名字输入电脑并让他们在各个班级核对；通知他们开会时早早把门开好。

我很幸运成为了一名“小陶子”，让我有了很多学习的榜样。我和师兄师姐们一起讲解服务时，他们都会早早到达，不光练习自己的讲解内容，还检查展厅，把不干净的地方打扫一遍。行知，让我学会了责任，遇见了更好的自己。

“小陶子”让我获得了自信（“五星级讲解员”申昇）

认识我的人都知道，我是一个很容易脸红的女孩。而当“小陶子”社团来我们中队宣传时，我深深地被吸引了。鼓足勇气的我，没有想到自己能披荆斩棘，面试、培训、晋级，成为五星级讲解员。

胆小羞怯的我为了晋级加星，所付出的努力几乎是我长这么大以来最多的一次。而当我光荣地站在领奖台上，当着全校师生的面接受“五星级讲解员”的荣誉证书时，我觉得自己之前的所有的付出都值啦！

第一次接到讲解任务时是为中美友好协会会长、哥伦比亚大学教授肖云飞讲解，我是既高兴又紧张，高兴是终于可以给别人讲解；紧张是害怕讲解时万一出状况怎么办，那岂不是很丢脸？！于是那几天晚上，我天天拿着讲解稿，一遍又一遍地对着墙壁背诵；一到放学，又背着书包，到训练厅对着展板练习，不放过每一分每一秒，抓紧排练，为的就是能在讲解时把最好的一面展示给嘉宾们看。

现在随着讲解次数的增多，我也越来越驾轻就熟。在活动中，感觉艰辛与欢乐就像孪生兄弟一样如影随行，让我体会了各种酸甜苦辣。每一次的讲解都会让我对陶行知先生更增加一份了解和敬仰，记得行知育才旧院揭牌仪式暨纪念陶行知 120 周年时，叶良骏老前辈深情地回忆了陶先生，她那动容的话语，让我的眼圈不禁红了起来。同时我也为自己能在由这样一个具有崇高人格的伟人所创建的学校读书感到骄傲和自豪。

又一批新生入学，“小陶子”社团又要招募新成员啦！我也会通过我的自信和新颖独特的讲解为我们社团增加一些新的“血液”，同时我也坚信我们的“小陶子”队伍将会越来越壮大，越来越有朝气！

“小陶子”让我品尝到了成功（“讲解员之星”唐佳怡）

作为社长的我其实也是第一次带徒弟，心里充满着好奇、忐忑和跃跃欲试。

为了培养好我的小徒弟，我左思右想，最终想出了“总分总唐式训练法”——我先集中培训一次，并让每个队员都回去把稿子写好背熟；再逐个单独辅导提出修改意见，这样没有其他队员干扰，他们不会感到太紧张；最后通过多次练习，等到所有人都练得差不多了，我再让他们聚在一起，相互取长补短，吸收别人的精华，运用到自己身上。虽然方法概括起来容易，但是实施起来却是很艰辛的。为此，我们都付出了许多宝贵的时间和辛勤的汗水。

在训练中，我发现他们在讲解时都有一个很明显的问题，就是语气过于平淡、语调起伏不大，而且缺乏与听众的眼神交流，表情也不够丰富。于是我便对他们进行指导，哪里声音要高亢，哪里声音应该低沉，什么地方要表现出怎样的情感，比如介绍陶行知逝世这一段内容时，要表现出对伟人离去的悲伤、沉痛和惋惜，语气应该平缓而深沉，但他们还是不得要领。无奈之下，我只能亲自披褂上阵，为他们做示范。当我用饱蘸着深情、敬意与怀念的声音缓缓说出“一颗巨星陨落，育才失导，痛失人师，四海同悲”这句话时，余音未落，便听到他们发出的由衷赞叹声，看到他们眼中流露的仰慕之情时，心中充满了喜悦之情与一点小小的得意。

晋级加星那天我去旁观了他们的讲解，奇怪的是：对着诸多评委，我竟比自己当年讲解还要紧张。看着一张张自信、坚定的脸庞，耳边萦绕着再熟悉不过的话语，我仿佛透过他们看见了自己的成长历程，心里充满了骄傲和自豪。难怪韩老师对我说，看到我们在人前落落大方的举止和充满自信的演讲，会有一种喜难自抑的情绪。我现在才真正体会到这句话的含义，感受到了这份“成功”的喜悦。

“小陶子”让我感受到了快乐（“五星级讲解员”杨丽华）

还记得两年前，我还在忙碌地准备稿子，一遍又一遍地练习。而现在，我竟也在当起“小先生”进行指导，想想也真不可思议。

第一次集中训练的时候，组员们都很腼腆，不敢做示范。宋欣雨挺身而出，看得出来她准备了很久，本子上写满了很多页，还做过很多的修改。她真的很努力，以至于第一次讲解时，没有露出半点紧张的神情。从她的讲解中，我们很惊讶地知道了宋欣雨是和陶行知同一天生日的，她的讲解词十分新颖，加了许多我们没有想到的东西。就连韩老师在听的过程中也频频向我点头。她的第一次讲解十分顺利，只是美中不足的是她的表情太过僵硬。为了纠正她的表情，我可是费了不少功夫。每次听她讲解的时候，都会一直在旁边做鬼脸提醒“笑笑笑”。还好孺子可教也，她最后终于改掉了这个毛病。

在第二次集中训练的时候，整组的水平都比上次好了很多，又或许是因为大家听了宋欣雨那么好的讲解之后有了竞争，所以大家的讲解词一个比一个出彩。当然，他们还是会紧张。有时候他们也会问我晋级加星时有没有紧张啊，有什么感受之类的。我只是告诉他们没事的，越是紧张语速越不能快，一定要微笑给自己加油。当然在最后我还不忘加上一句，“你们都很厉害的哦，都要加油哦！”谁又会知道，这时候突然一个人幽怨道：“哎，谁比得上宋欣雨，人家可是韩老师看中的哟！”听到这句话，我实在是没忍住笑了出来，这群孩子怎么说话语气中还带着一股醋味？

然后就是陈子芸。陈子芸可以说对陶行知很有研究啊！训练时偶然讲到陶行知去医学堂，然后被种族歧视的部分，我刚想在新生面前大展身手表现一把的。陈子芸突然插进来“我来讲，我来讲。”然后讲了一堆，特别完整！好吧，我无话可说。接着又讲到我们那一板块关于陶行知的小故事，陈子芸又插进来讲了一堆，还说什么把陶行知百度百科全都背下来了，我颜面何存啊！

我很庆幸我带的这一组的同学都很努力，他们都有各自的特点。完全不用我去教他们怎么讲，只需要在旁边提一些小小的建议，和他们一起活动时，总是充满着欢声笑语。谢谢你们，谢谢“小陶子”社团，我爱你们！

“小陶子”为我插上梦想的翅膀（“五星级讲解员”胡佳璐）

犹记得当初学姐来到我们预备班招募“小陶子”时的场景，她们在向我们介绍陶行知生平和“小陶子”社团时，脸上神采飞扬的表情，骄傲自豪的口吻，流畅、清晰的语音和大方得体的举止震撼了我。从那一刻起，我就在心中下定了决心：“我要加入‘小陶子’社团，我要成为一位像她们那样的人！”

就这样怀着一份好奇与梦想，经过层层面试选拔，我终于成为了一名正式的“小陶子”——陶行知生平事迹讲解员。等真正进入社团后才发现，原来讲解工作并没有表面上那么轻松，不仅要参与培训，还要自己撰写讲解稿并全部背出，学期末还要对我们进行考核，再综合入社以来的表现，评定出一至五星级不等的讲解员称号。

我是一个不肯服输的女孩，在老师和“小先生”进行示范时，暗暗记下他们的语气和动作，默默地做着记录。回到家后，我一边回忆白天说的要求，一边上网或到图书馆查找相关的历史文献和资料，认真撰写讲解稿。遇到有疑惑的地方，第二天再去请教，回去再进行修改。在社团活动结束后，独自一人留下来对着展板模拟讲解……在这段日子里，我虽然很忙，却忙得充实，忙得不亦乐乎。当然，在这个过程中，我的口头表达能力和语言组织能力得到了很大的提高，对陶行知这位伟大的人民教育家也有了更深入的了解。我并不是一个天资聪颖的女孩，但正是因为脚踏实地的不断努力、不断学习，才使自己在原先的基础上一点一点地进步。

2013年，我被评为了“上海市十佳少先队员”，而这一荣誉的获得离不开这份“小陶子”的经历。这份经历不仅开阔了我的眼界、锻炼了能力，更是让我感受到了内心的充实和自我成长，让我开始思考去规划自己的学习生活，让我成为了一个有着自己目标和理想的少年，在自己的舞台上绽放光芒。

行知纪念日

王歆宇　词曲

亲切地 ♩=69
唱 起 故 乡 的 童 谣 童 谣，
让 我 们 把 往 日 追 寻， 点 亮 美 丽 的 心 愿 心 愿，
也 让 理 想 辉 映。 捧 着 一 颗 心 来
千 教 万 教 教 人 求
不 带 半 根 草 去， 啊
真， 千 学 万 学 学 做 真 人，
1
你 的 言 行 我 们 时 刻 铭 记 在 心。
2
你 的 事 业 我 们 永 远 传 承。
领
合
啦
啦
啦
啦
领
合
啦
啦
啦

创作背景

2006年是伟大的人民教育家陶行知先生诞辰115周年，为了进一步弘扬陶行知的伟大精神，宣传陶行知的教育思想，缅怀陶行知先生为中国的教育事业和民主革命作出的伟大贡献，宝山区筹划举办“纪念陶行知诞辰115周年”的活动。宝山区教育局计划推出一台节目，追思陶行知先生，从舞台艺术的展现来讲，希望用歌曲创作来展现先生的教育思想。

陶行知走在了教书育人的前头，他的“生活即教育”“社会即学校”“教学做合一”生活教育理论以及教学思想和理念在王歆宇老师的心中引起了共鸣，王老师着手创作了《行知纪念日》《爱满天下》这两首关于陶行知的歌曲，期待着把这位伟大的教育家生动形象地展现在大家面前。

个人简介

王歆宇，中学高级教师，宝山区教育系统艺术首席教师。现为上海音乐家协会会员、上海钢琴专业委员会会员，兼任《上海音讯》执行主编。

二十多年来，王老师致力于青少年艺术普及教育与现代校园文化建设实践，首创了钢琴美育教学法，音乐作品获全国“群星奖”创作一等奖。历年来，他培养过多届优秀的师范毕业生，指导过数十位基层中小学音乐教师，其中大部分人已成为学科的教学骨干。

他策划及导演全区大型文艺活动多项，成功组织“21世纪中国儿童钢琴曲征集评选活动”，其影响波及海内外，并得到贺渌汀先生的高度赞誉和亲笔题词，被新闻界称为“建国以来规模最大的儿童钢琴曲评选活动”，并主编出版《21世纪中国儿童钢琴优秀作品选集》，该书2002年获华东地区优秀图书奖。

在指导全区学校艺术类课外活动中，他出色地完成了各项任务。《走进春天——宝山区民办、公办转制十五所学校文艺汇演》《健康体魄、奔向新的世纪——宝山区1999年学生体育运动会开幕式大型文体表演》《21世纪中国儿童钢琴曲上海大剧院颁奖演奏会》等各项活动都得到了宝山区各级领导的好评。

为了充分发挥少年宫校外教育机构的工作特点以及在素质教育中的优势，他以区少年宫为中心，组织成立了宝山区青少年钢琴俱乐部，面向全区琴童，为大家提供艺术实践与交流的舞台，有效地培养锻炼了孩子们的相关能力、团队精神和综合素质，营造出良好的学习氛围，也促进了社区的精神文明建设。

歌曲由于篇幅的局限，只能从小的切入点着手，在歌曲中没有直接提陶行知的名字，而是用了陶行知的名言“千教万教，教人求真。千学万学，学做真人”……来表达教育的最高境界。这两句话朴素却又很经典，是教育境界的体现，也是亘古不变的真理。歌曲短小、好听、好唱，作者将自己对陶行知的崇敬之情都糅合在歌曲里。

真情实感

这首歌经过排演，在宝山区赢得了很大的反响。在2014年的教育系统青春艺华演出中，《行知纪念日》简洁深邃的歌词却打动了所有人的心灵，引起了教育同仁们的共鸣。王老师将这首歌收在了自己的作品集里，他是想通过自己这样的方法来传播陶行知先生的思想，继承和发扬他忠于教育事业的奉献精神，把他的理想变成现实，为构建社会主义和谐社会作出应有的贡献。

这首歌曲原唱海滨中学陈岩老师，用她那细腻、温婉的歌声描绘了这位朴实无华的教育家，传递了陶行知老先生的教育理念，用真情缅怀这位和宝山有着浓厚乡情的先生。“千教万教教人求真，千学万学学做真人”“捧着一颗心来，不带半根草去”字字珠玑，每一个音符里都沁润着对这位伟大人民教育家的无限怀念。陶行知先生作为20世纪中国伟大的人民教育家，他的教育思想和教育实践，不仅在中国，而且在世界都有重要的影响，使人感到了人民教育家的伟大人格和崇高师德，他是教师素养的典范，是我们教师至尊至善的楷模、后人的万世师表。我们要学陶、师陶，甘为孺子，甘为人梯，以育人为己任，为教育事业贡献自己的力量与青春。

后记

根据“走向生活的学校德育——构建宝山学校德育新体系”的要求，指导学生专注、明辨、勤奋、合作、优雅、诚信、负责、自律、尊重及健康等方面的德性成长，培育和践行社会主义核心价值观。由上海市宝山区教育局和宝山区教育学院主持编写了“美丽宝山”系列读本。我们希望通过本书的出版，使陶行知先生的思想在宝山德育中发挥其作用，实践宝山德育“立德树人”的德育目标。

本书充分考虑到学生的理解能力和认知特点，从学生角度，以故事和议论相结合，同时关注学生思想与行为的真正结合，希望学生领会陶行知精神的丰富内涵，并且付诸于自己的行动，为形成良好的世界观、人生观和价值观奠定基础。

本书各位编者承担的具体工作如下：张敏、张燕负责全书的整体框架及最终定稿；苏玉青负责“行知足迹”篇；韩茜、卢靖、沈梅、张琼、樊卿卿、胡凤英、张静媚及徐芸琦负责“行知教育”篇；韩茜、卢靖负责“行知实践”篇；宋瑜负责校对。

本书经过策划、收集资料、编写、研讨等工作，不断趋于成熟。在编写过程中，上海市宝山区教育局、宝山区教育学院和陶行知纪念馆给予了大力支持和悉心指导，上海市思想政治学科和德育学科专家贡献了很多中肯而宝贵的意见和建议，在此一并表示最真挚的感谢！同时特别感谢同济大学出版社的大力支持，他们辛勤细致的工作保证了本书的顺利出版。

本书编写组

2016 年 5 月

图书在版编目（CIP）数据

行知魂 / 上海市宝山区教育局编著. -- 上海 : 同济大学出版社, 2016.6
（上海市宝山区中小学“美丽宝山”系列读本）
ISBN 978-7-5608-6324-5

Ⅰ. ①行… Ⅱ. ①上… Ⅲ. ①德育—中小学—课外读物 Ⅳ. ①G631

中国版本图书馆CIP数据核字(2016)第104873号

行知魂
XING ZHI HUN
上海市宝山区教育局 编著

责任编辑 袁佳麟 卢元姗
责任校对 徐春莲
装帧设计 黄舒怡 支 希
出版发行 同济大学出版社 www.tongjipress.com.cn
（地址：上海市四平路1239号 邮编：200092 电话：021-65982473）
经 销 全国各地新华书店
印 刷 上海安枫印务有限公司
开 本 787 mm × 1092 mm 1/16
印 张 7.75
字 数 193 000
版 次 2016年7月第1版 2020年1月第2次印刷
书 号 ISBN 978-7-5608-6324-5
定 价 32.00元